历史面面观
ALL ABOUT HISTORY

EXPLORE THE BEGINNING OF CIVILISATION AS WE KNOW IT

青铜时代

探索人类
已知文明的开端

[英] 埃普拉·麦登 — 编著
谭皓 苑真真 — 译

这种新型金属是如何改变世界的?

BRONZE AGE

新世界出版社
NEW WORLD PRESS

著作权合同登记号：京权图字01-2021-3464号

FUTURE

图书在版编目（CIP）数据

青铜时代 /（英）埃普拉·麦登编著；谭皓，苑真真译．-- 北京：新世界出版社，2022.5
（历史面面观）
ISBN 978-7-5104-7404-0

Ⅰ．①青… Ⅱ．①埃… ②谭… ③苑… Ⅲ．①青铜时代文化－研究 Ⅳ．① K861.3

中国版本图书馆 CIP 数据核字（2021）第 270673 号

青铜时代

编　　著：[英] 埃普拉·麦登
译　　者：谭　皓　苑真真
审　　校：崔学森
责任编辑：魏芳芳
装帧设计：左左工作室
责任校对：宣　慧
责任印制：王宝根　苏爱玲
出　　版：新世界出版社
网　　址：http://www.nwp.com.cn
社　　址：北京西城区百万庄大街 24 号（100037）
发 行 部：（010）6899 5968（电话）　（010）6899 0635（电话）
总 编 室：（010）6899 5424（电话）　（010）6832 6679（传真）
版 权 部：+8610 6899 6306（电话）　nwpcd@sina.com（电邮）
印　　刷：小森印刷（北京）有限公司
经　　销：新华书店
开　　本：787mm × 1092mm　1/16　尺寸：185mm × 260mm
字　　数：277 千字　印张：12.75
版　　次：2022 年 5 月第 1 版　2022 年 5 月第 1 次印刷
书　　号：ISBN 978-7-5104-7404-0
定　　价：78.00 元

欢迎来到
青铜时代
BRONZE AGE

人们通常认为青铜时代是神秘而魔幻的时代，不过它恰恰也是人类已知文明的开端。青铜的发现，使人们创造出远比铜锡合金更加复杂的东西：它使人们拥有了获取和加工原材料所需的技术和贸易网络；它使人们学会了驯服马匹、建造帆船和货车，并用其运输货物，从而聚居于更大的社区，并建造起围墙，形成社会组织；它也使人们创造出文字系统，记录贸易往来，并与千里之外的友人通信。青铜时代的故事将告诉我们世界是如何开始的，在这本书中你可以找到想知道的一切……

目　录
CONTENTS

科技
TECHNOLOGY

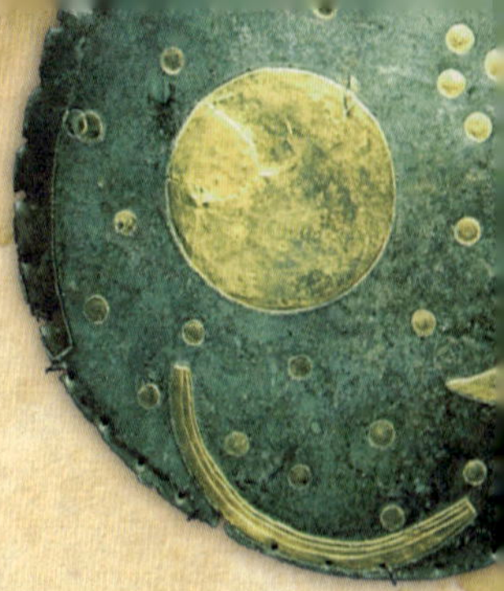

文明 CIVILISATIONS

青铜时代
THE AGE OF BRONZE

青铜的发明标志着人类学会创造工具和技术，进而改变世界

青铜时代是一个内涵丰富的术语。许多人乐于用它代指落后事物,其中不乏羞辱意味。然而，随着人们对青铜研究的深入，愈发觉得其意义非凡。青铜时代就像是一个过渡性的且具有惊人创新的时期。由此看来，青铜绝非失败的金属。

关于青铜时代何时开始，至今尚无定论。青铜是一种铜与砷或锡的合金，最早约在公元前 3300 年的美索不达米亚大量生产，直到公元前 2100 年左右才在不列颠成为常见材料。因此，当谈论青铜时代时，我们必须意识到它存在于不同的时间和空间。此外，当时的人并不知道他们生活在青铜时代，这不过是我们在回顾这一时期时所使用的术语而已。

青铜并非人类最早使用的金属，它在很大程度上取代了铜在工具和武器中的使用。铜既富有光泽又美观，但其相对柔软且极易损坏。人类将铜与其他元素以精确的比例混合，

时间轴

关键时刻
青铜——公元前 5 世纪

为创造一种比铜更耐用的金属，人类首次尝试将铜与砷混合，制成砷青铜。由于铜与砷两种元素本就共存于矿石中，这种冶炼方法很可能是偶然发现的。随着贸易的发展，拥有锡的地区可以制造青铜，但采购锡和寻找正确铜锡比的过程，依然极为复杂、困难。青铜最初用来制造高端物品，如斧头、匕首和装饰物等。后来，随着技术的提高，也可以用青铜制成更加强大的工具。

贸易方式
有证据表明，新石器时代存在黑曜石交易。自然物品和贵重物品的广泛交换，构成了复杂的贸易网。这种贸易方式不但刺激了创新，而且促进了稀有材料（如锡）在新领域中的使用。
公元前 5 世纪之前

远洋船
从中东地区的图片可知，帆船很可能是从穿梭于河流上下游之间运输货物的船只发展而来。海上贸易的出现，不仅大大提高了贸易速度，还扩大了贸易范围。
公元前 5 世纪

车轮
最早的车轮是固定在车轴上的圆形实心木头，用于辅助运输和农业生产。若想制造出能够自由且顺畅转动的车轮，必须经过数百年的反复试验。
公元前 4 世纪

△ 在德国发现的一种青铜斧头铸模，可以将熔融状态的青铜倒入其中

关键时刻

文字——公元前 3200 年

远距离的贸易交流需要用语言进行记录。人们曾在多个地区发现类文字的存在。苏美尔地区的象形文字发展成书面语言后，被人们称为楔形文字。这些楔形标记制作过程简单，只需在湿黏土上书写，进而烘烤，就可制成耐用的文字副本。此外，楔形文字也易于刻写在石头上，建立永久纪念碑。文字的出现使人类首次将复杂的思想记录下来。此后，相距甚远的民族和国家得以通过文字进行交流。同样，历史学家也可以从这些过去的声音中获益良多。

马的驯化
马首次在欧亚草原得到驯化。在中东，人类一直用驴来拉货车和战车。后来，现代的马取而代之，陆地旅行的速度便大大提升。
公元前 3500 年

数学
数学知识在促进贸易发展及建立复杂贸易结构中至关重要。当时已出现实用的计数方法。苏美尔人使用的 60 进制至今仍在计时系统中沿用。
公元前 2000 年

便可以得到比铜更耐用的青铜。这种青铜制造技术的出现标志着人类从石器时代进入了更加复杂的时代。

考察青铜时代，便要观察人类社会从小规模社区向早期城市的演变。青铜工艺中锡的稀有性及重要性使人们建立起跨区域贸易合作网，进而促成了第一次全球化。伴随冶金技术的进步，其他技术也相应得到发展。人类创造出多样文明的同时，也首次挑起有组织的战争。

当人类首次使用铁来锻造工具时，青铜时代已持续数千年之久。比起青铜，铁具有更多的优点。尽管如此，铁并未从根本上改变人类的行为方式，是青铜奠定了人类后来的发展基础，甚至塑造了当今社会的样貌，如同几千年前的冶金工人将熔化的青铜倒进铸模一样。

关键时刻

铁——公元前 1500 年

铁是一种难以净化和加工的金属，需要极高的温度才能熔化，且需要多次锻打才能变得坚固。相比之下，制造青铜更加容易，使用模具即可铸造。不过，铁矿石比铜或锡更加常见。起初，铁只是偶尔使用，但随着锡逐渐稀缺，铁便在许多方面迅速取代了青铜，铁质工具得到广泛应用。后来，人类发现在铁中加入碳，便可制造出更加坚硬的钢铁。钢铁的出现也意味着青铜的终结。

法律

要使社会存续，就必须有法律法规。乌尔纳姆在苏美尔创立了世界上最早的法典，该法典规定了一套有关司法和罪犯惩罚的制度。

公元前 2100 年

△ 出土于斯堪尼亚半岛的瑞典英厄尔斯塔德的青铜女性形象。据说，这个地区在青铜时代曾居住着部落农民

字母

无论是楔形文字，还是象形文字，都需要大量训练才能阅读和书写。人们需要记住数以百计的符号，只有最熟练的人才能使用它们。相比之下，字母则是一种简便的语音记录符号。

公元前 1000 年

战车

战车彻底改变了作战方式。它为士兵攻击敌人提供了一个快速且可移动的平台，使其得以突袭、冲锋，历史上著名的卡迭石战役就使用了5000 辆战车。

公元前 2 世纪

青铜时代的崩溃

在整个中东和地中海地区，许多城市和文明都经历了神秘的衰落。众多遗址被永久废弃，直到今天仍未复兴。时至今日，人们仍在激烈地争论青铜时代崩溃的原因。

公元前 1200 年

创造青铜时代

INVENTING THE BRONZE AGE

青铜时代曾有两次：

先是由古代冶金学家制造，随后又由考古学家发现

考古学家会告诉你，在他们的世界里，“情境为王”。如果在某地出土了一件手工艺品，那么其周边的物品往往与该手工艺品本身同样重要。通过探寻两者之间的关系，我们可以获知很多不为人知的故事。首位这样思考的考古学家就是青铜时代之父——克里斯蒂安·于恩森·汤姆森。

策划对过去的展览

人们总是对过去着迷。公元前75年，古罗马政治家西塞罗曾寻找已为世人遗忘的数学家阿基米德的坟墓。而在公元2世纪，帕夫萨尼亚斯曾撰写十本书，描述希腊现存的古代遗址。数百年来，他的作品一直引导着那些寻找过去的人。

古代手工艺品往往令人尊敬，这主要源于其年代久远，即使人们已不再了解其意义所在。法国圣礼拜堂的珍宝中有一件展示尤利乌斯－克劳狄家族的罗马浮雕。教堂守卫虽已对该浮雕进行了基督教式的精心解读，却仍不知它的真实意义。

▷ 制造青铜切割工具的能力，不仅可以改变人类历史，还有助于创造现代世界

启蒙运动时期的文物收藏家们出于兴趣收藏各式手工艺品，很可能将石斧与古陶器、动物标本和化石放在一起，而并未按照藏品的性质进行系统分类。汤姆森是首位在考古发现中尝试解决这一问题的人。

三代分法

汤姆森受命整理丹麦王室文物保护委员会收藏的文物，并进行陈列展出。陈列场馆后来成为丹麦的国家博物馆。当时博物馆在分类摆放藏品方面，普遍采用藏品材质或美观度一致的原则。汤姆森决定尝试改变这一惯例。

他并未去户外继续挖掘文物，而是在博物馆内检查有哪些文物是同时出土的。经过努力，他发现在石器工具旁边，很有可能同时出土了陶器、琥珀和骨头；而在青铜武器和工具旁很难找到铁器。由此，他认为可以依据文物的材质明确界定历史分期。在《北欧古物指南》一文中，他将北欧史前划分为三个不同的历史时期。“石器时代，也就是武器和工具由石头、木头、骨头或类似材料制成的时代，人们对金属知之甚少或一无所知……至青铜时代，武器和切割工具多是由铜或青铜制成，人们对铁或银并不知晓或了解有限……铁器时代是第三个，也是最后一个野蛮时代。其间，铁被用以制造那些与之相配的物品，成为青铜的替代品。”换言之，他把史前时代分为石器时代、青铜时代和铁器时代。这种分类方式的正确性在许多地区得到验证。虽然此前也曾有人提出过相似的三代分法，但汤姆森的学说因展出实物证据而更受欢迎。汤姆森也将“先有实物，后有理论”作为格言刻在自己的徽章上。

青铜时代的技术

青铜时代是由人们使用的技术定义的。因此，对于其始于何时，并无明确结论。汤姆森的证据表明，约在公元前 1700 年—前 500 年的北欧，青铜是主要材料。然而，在美索不达米亚，有人认为青铜时代始于约公元前 3500 年，终于约公元前 1100 年。这是由于制造青铜及后来熔炼铁的技术逐渐在某些地区得到普及，但在某些缺乏必要原材料的地区则几乎无法实现。

并非每种文化都遵循着石器时代、青铜时代、铁器时代的发展轨迹。公元前 200 年，美洲的莫切人制造出青铜，但仅限于制作高端饰品。事实上，由于美洲与亚欧的生活环境截然不同,青铜对美洲人的影响小于亚欧人。西班牙人的征服可能扼杀了真正的美洲青铜时代的萌芽。不过，即便征服不曾发生，美洲青铜技术的改进方式也很可能与亚欧不同。至于澳大利亚和新西兰，直到 20 世纪的土著文化中，石器仍是普遍的切割工具。

我们所使用的“青铜时代”一词，描述的是一个广阔的地理区域和数千年的时间跨度。从矿石中熔炼金属，继而制造铜锡合金，最终将其铸成实用物品的能力，使生活在这个时代的人们变得更加团结。然而，青铜并非人们能使用的唯一材料。汤姆森认为，在青铜时代，即使青铜更出彩，研究石头或有机材料也同样重要，且偶尔会根据研究结果而改变博物馆藏品的陈列方式。

青铜时代，人们获得的许多技术并非直接来自青铜本身。比如，比起金属，灌溉对美索不达米亚、埃及和印度河流域早期城市的出现更加重要。同时，木质车轮在改变农业的同时，也促使战车进一步主导战场，进而改变了战争方式。此外，人们开始用文字记录和分享各种信息。正如我们看到的那样，青铜时代是人类历史上最具创新性的时代之一，而青铜只是众多伟大发现之一。

△ 汤姆森根据研究结果改变了博物馆藏品的陈列方式

玻璃时代

有人认为汤姆森的史前三代分法太过简单。他们戏谑地问，为什么不把玻璃时代纳入他的理论。汤姆森有一个现成的答复：在石器时代、青铜时代和铁器时代出土的艺术品周围，均有玻璃存在。

汤姆森按照出土地点将手工艺品分类，他发现在石器、青铜或铁制工具周围，均有玻璃珠存在，但玻璃碗只在铁质艺术品周围出现。因此，他断定铁器时代发生在青铜时代之后，因为碗的制造显然更加困难。

美索不达米亚出土的公元前 3600 年的小玻璃珠很可能是最初的玻璃制品。人们将其运输到北欧等地区，当时这些地区尚处在石器时代。后来，玻璃工匠已能制造出又大又漂亮的容器。熔化玻璃需要高温及复杂的混合原料，冶炼青铜的技术很可能推动了玻璃的出现，而熔化玻璃的熔炉又可以用来熔化铁水。或许，至今我们仍然生活在“玻璃时代”。

△ 玻璃在古代是一种物美而价高的商品，玻璃首饰可与其他高端物品广泛交易

想象青铜时代
IMAGINING THE BRONZE AGE

青铜时代究竟是人类的进步，还是与完美相距甚远？
对此，不同的古代作家持有截然不同的观点

在回顾青铜时代时，不仅现代考古学家充满惊奇，就连古希腊人看到迈锡尼遗址高耸的城墙和繁多的街区时，也不敢相信这是人类建造起来的。对他们而言，这些都是由传说中的独目巨人库克罗普斯建造的建筑物遗骸。为了重现过去，他们依靠神话来解读已发现的碎片和手工艺品。即便如此，他们有时也可以非常接近真相。

人类的由来

赫西奥德的《工作与时日》是现存最早的希腊文学作品之一。这首诗大约写于公元前700年，诗人以与自己懒惰的兄弟珀修斯对话的口吻，讲述了农业生产的诸多方面，生动反映了早期的希腊生活。赫西奥德因珀修斯旷工去市场听辩论而斥责他，并劝说他应该回到农场努力工作。诸神从未让凡人的生活变得容易，而赫西奥德描述的恰恰是人类如何过艰辛的生活。

赫西奥德在《工作与时日》中描述了人类先后经历的五个时代，分别对应五个不同的种族。众神创造的首个时代是像神灵一样的黄金种族生活的时代。“就像众神一样，他们无须劳作，没有劳累和忧愁”，甚至“不会衰老”。当死亡降临，他们就像熟睡的婴儿一样安详，死后还会成为大地上的神灵。

众神创造的第二个时代是白银种族生活的时代。他们成年前须在家里度过一百年的时间，成年后便互相争吵，彼此伤害，致使生活不堪，生命短暂。更糟糕的是，宙斯认为他们不敬畏神灵，于是便将他们埋于泥土之下。

第三个时代是“从灰树上冒出来”的青铜种族生活的时代。他们在各方面都不如白银种族，但却“奇怪而强悍”。他们好战且不关心农业生产。“那时还没有黑铁，他们的武器、房子、工具均由青铜制造。”由于好战的本性，他们亲手毁灭了自己的种族，只留下了曾经使用过的青铜制品。

青铜时代之后是半神一般的英雄种族生活的时代，其成就多存在于史诗故事和歌曲中。他们勇敢而强大，有伟大的功绩。当英雄们战死后，余下的人便居住在大地之边的幸福岛上，从此远离这个令人忧虑的世界。

之后便是赫西奥德生活的黑铁时代。“但愿我不是生活在这个种族的人，但愿我在这

△ 人们往往将过去看作一个黄金时代，那时一切都很完美，这也影响了人们对史前的看法

“古代作家记录的是关于创造青铜的部分记忆，还是侥幸的猜想？”

之前已经死去或者在这之后降生。”人们白天没完没了地工作，夜晚渐渐死去。这首诗预见了黑铁时代的毁灭及其被一个更糟糕的时代取代的未来。对于赫西奥德而言，人类的故事就是永无止境的堕落。

问题的本质

赫西奥德对人类命运持悲观态度，其他古代作家却有截然不同的观点。赫西奥德意识到在黑铁时代之前就已存在青铜时代，因此就用隐喻来描述黄金时代、白银时代。这对于罗马诗人提图斯·卢克莱修·卡鲁斯来说，是一个关键性的历史认识。

公元前1世纪，提图斯·卢克莱修·卡鲁斯写成一首名为《物性论》的哲学长诗。诗中继承并发展了伊壁鸠鲁的哲学观点，论述了从原子论到爱情的一切问题。他在布朗

柏拉图灵魂说

在描述人类发展时，其他希腊作家和赫西奥德一样也看到了金属的隐喻价值。柏拉图在《理想国》中解释道，为了让人们在社会中占据适当的位置且乐得其所，必须告诉他们一个关于其出身的“高尚的谎言”。在《理想国》里，人们是神用土铸造的，随后分别注入了金质、银质或铜质的灵魂。

金质的人注定要统治其他人。他们将成为柏拉图所说的哲学王，花时间沉思，并统治社会。

银质的人是勇士阶层，也是理想国的辅佐者。他们被赋予价值，但又有与统治者不同的灵魂，注定支持统治者，绝不推翻他们。

然而，理想国中的大多数人都是更普通的铜质的人。他们是强健的劳动者，虽然目标不是成为领导者，但仍勤劳肯干。

◁ 当铜质的人为人类文明生产物品时，金质的人在思考善的本质到底是什么

运动被正式命名的数百年前就已对其做出精确的描述。不仅如此，早在人类历史发展阶段被充分探索之前，他就提出人类历史发展的三阶段说。

卢克莱修认为，人与其他物种一起出现之后，就形成了人类发展的首个时代。他们以原始状态生活着，靠着地里长出的水果和浆果过活，“没有人费力去驾犁耕地”。在这个艰难的时代，他们没有集体意识或共同利益。起初，他们用石器和木棍作战，后来火改变了一切，人们开始在村庄里共同生活，建立了持久的联系。卢克莱修告诉我们，大火之后，穿过一片森林，人们会发现通过烘烤岩石形成的金属池。随之而来的是下一个时代。

根据卢克莱修和现代考古学的观点，人

类最先发现的是铜和青铜，并引发首次战争。“最早的武器是人手、指甲和牙齿，接下来是石头和树上掉下来的树枝，不久就发现了火和火焰。之后，人们学会了使用铁和铜，最初用铜耕地，也用铜挑起一场场战争……慢慢地，铁剑崭露头角，铜质镰刀被人遗忘，农夫开始使用铁器拓荒耕田。”

蜕变

奥维德的《变形记》给出一种更复杂的史前人类观。奥维德提出了四大时代说。黄金时代是一个正义和慷慨的时代，“各族人民生活安定，尽享清福”。白银时代见证了农业的到来和首个城镇的建设。黄铜时代“日子更加困苦，可怕的兵灾日渐频繁，但是人们还虔信天神”。最后是铁器时代，人类虽在航海、采矿和战争等方面取得成功，但人类贪婪、残忍和欺骗的品质也在这个时代凸显出来。

古代作家记录的是关于创造青铜的部分记忆，还是侥幸的猜想？无论哪种方式，都表达了我们对遥远过去的求知之心以及整合知识、理解世界的愿望。

△ 赫西奥德认为铁器时代是一个退化且破碎的时代，但卢克莱修则认为它是人类成就的顶峰

发现青铜时代
DISCOVERING THE BRONZE AGE

要想理解青铜时代，
人们必须将成千上万的历史碎片拼接起来

16世纪，人们在雷雨过后经常发现“雷石”。这些石头通常是斧形或带有精细切割边的箭形。一些对自然哲学感兴趣的人会将其收集起来，并认为这不过是风暴的副产品。不过，今天我们已经知道这些石头其实是古人加工过的工具。它们看起来像箭是因为它们本身就是箭。为了更好地理解过去，我们需要一种新的方式来看待世界。

考古学的诞生

正是通过与仍使用石箭镞的新大陆人接触，欧洲人才首次正确识别出“雷石”的身份。随着知识视野的拓宽，汤姆森当时已拼接起许多证据。如前所述，他通过将考古发现组合起来，并辅以经验证据，证明北欧确实先后存在石器时代、青铜时代和铁器时代。至

△《贝希斯敦铭文》提供了可以解读的古楔形文字，当年这些文字是学者系着绳子刻写上去的

19 世纪，科学正以前所未有的方式应用于历史研究。

发掘文物的考古学家开始越来越重视出土地点。虽然一些敢于冒险甚至不择手段的挖掘者（比如发现特洛伊遗址的海因里希·施里曼）经常直接挖掘最耀眼的手工艺品，但其他考古学家则致力于推动地层学的研究，以测定考古发现的年代。通过检测考古遗址的上下层，可以获得很多时空信息。

随着汤姆森关于青铜时代早于铁器时代理论的传播，考古学家开始在北欧以外的地区寻找证据。他们在欧亚大陆各地都发现了同样的分层模式，也在更深、更早的地层中发现了石器。在石器之上的是铜制品和青铜制品，最后是取代青铜成为切割工具首选的铁器。

直到后来有了确定物品对应年代的能力，青铜和铁的技术在不同时空的分布才逐渐清晰起来。不过，可以断言，在铁得到普遍使用的地方，青铜必然会消失。

读懂过去

一个民族的实物遗存可以告诉我们很多信息，但这些不过是无声的证据。了解一个人最好的方式就是直接提问，而青铜时代则是人类历史上首个可以直接了解的时代。这是因为青铜时代见证了文字的诞生，我们可以透过文字了解过去的人们如何思考。

埃及几乎到处都能见到象形文字。楔形文字的微小印章在美索不达米亚亦随处可见。可以说，历史学家在整个中东地区都可找到大量古人的书写遗存，只可惜无法解读。直至 1799 年罗塞塔石碑的发现，才最终使埃及象形文字得以破解。罗塞塔石碑上的铭文是分别用希腊文、古埃及文和象形文字书写的相同内容。通过对照，专家最终成功破解象形文字。

于是，今天人们仍可读懂公元前 3000 年古埃及的文本，从而了解青铜时代的开端。此外，在亨利·罗林森爬上贝希斯敦的悬崖，记录下大流士一世在岩壁上用三种语言刻下的铭文后，美索不达米亚的楔形文字也变得可识读起来。此外，在乌加里特文本和赫梯帝国的记录等其他发现中，人们同样找到了许多关于青铜时代生活的一手资料。

若无这些文本，我们就无从知晓青铜时代的中东地区竟存在如此复杂且频繁的外交。比如，一封赫梯国王写给埃及法老的信中就记述道：“我的兄弟，你为何要把你父亲在世时送我的货物（礼物）扣留下来？”若无这些文本，我们也无从知晓国王间签署的复杂条约。有些条约十分细致，如牛群从一领地进入另一领地时该如何处理。更重要的是，若无这些文本，我们便对古人赖以理解世界的神话和宗教缺乏洞察力。

全球史观

人们对青铜时代的探索从未停止，每年都有新发现。这些新的发现丰富了人们对青铜时代生活的认识。此外，有些发现十分惊人，比如在沉船中发现的物品彻底改变了人们对古代世界贸易的认识，而如古代厕所等的发现则揭示出我们的祖先体内生长着哪些寄生虫。

若将所有的发现整合在一起，我们便可重现古代世界。这就需要专家来解读那些被遗忘的语言，需要训练有素的考古学家来挖掘文物。只有将所有的知识整合起来，才能全面了解那个激动人心的时代。因此，青铜时代不仅是一个金属时代，也是时人生于兹、死于兹的时代。他们从五湖四海走到一起，树立起伟大的纪念碑，并改造适于农业生产的土地，最终创造出至今仍令人惊叹的伟大文明。

同时，作为个体的他们与今天的我们一样真实。青铜时代一对 16 岁左右的年轻男女的墓葬，展示出时人是如何将二人连同珍贵的陪葬品精致地摆放在棺椁之中的——被安置好的二人甚至可以直视对方的眼睛。

若要理解青铜时代，就必须考虑到我们所知和所能了解的一切——从影响深远的贸易网络到跟随我们祖先进入坟墓的信仰。这就是青铜时代的历史如此迷人的原因。

▽ 内斯特之环是一个有争议的艺术品，据说是在提斯柏发现的。在制造过程中采用的复杂技术和多元文化意象，致使许多青铜时代的文物最初被误认为是赝品

早期考古学家

新巴比伦王国的拿波尼度国王是为世人所知的最早对考古学感兴趣者之一。在重建庙宇时，他让人连同地基一起挖出，用以确定最早的建造者及时间。他发现太阳神的神庙是由纳拉姆辛国王首先建立的，并决定将建立时间界定为3200年前。今天我们已经知道这一时间界定偏差了近千年，但当年的考证仍然令人瞩目。

约公元1000年，为确保国家宗教实践得到正确执行，中国的儒家学者开始回顾过去。同时代的其他人则认为研究古代文物的终极目的是为了向祖先学习，因为祖先已取得了他们无法企及的成就。

在科学的考古学诞生之前，欧洲历史学家忙于记录点缀在这片大地上的古希腊、古罗马遗迹。1420年，当波焦·布拉乔利尼俯视古罗马广场时，他看到奶牛正在现今被称为坎波瓦奇诺的地方吃草，于是决定恢复这座永恒之城昔日的辉煌。

▽ 欧洲考古学家看到农场的动物生活在宏伟的遗址旁时，便开启了重新探索历史的旅程

科技
TECHNOLOGY

青铜时代之前
BEFORE THE BRONZE AGE

新石器时代晚期，处在技术和文化革命的前夜，是一个神秘而精彩的时代

青铜时代大规模的技术创新并非凭空产生。人们很容易把金属加工的出现看作是对石器时代社会核心的突然冲击。事实上，这只是一个已持续数百年进程的下一个阶段。

根据人类学的三时代体系，我们可以划分出三种不断发展的技术：从现代人类祖先使用的燧石工具，发展到青铜器，最后是铁器。但“石器时代”本身又是一个涵盖面广的术语，大众想象中的原始穴居人与实际生活在其中的人完全不同（有时甚至更复杂）。首先，石器时代包含几个不同阶段，涵盖多个世纪：旧石器时代、旧石器时代晚期、中石器时代以及新石器时代——人类农耕时期。其间，许多人类社区从游牧狩猎的生活方式转向定居的农业生活，建造小定居点，种植农作物和放牧。由此看来，青铜时代似乎是一

◁ 塞尔维亚鲁德尼克山上的彼乐地考古遗址中，包含着一个可靠的证据，即最早用高温熔炼铜的确切日期。石器时代曾出现过席卷亚欧大陆的神秘且先进的文化，而彼乐地铜匠的技术会是其中一部分吗？

▽ 人们发现加热矿石可以提炼金属，并可以对金属进行冷锤、铸造或锻造。铜器时代留下的经验为青铜时代铺平了道路

个令人费解的飞跃。但还有另一个跨越神秘的史前及我们已知历史的“原史时代”。其间，一些文明产生了文字，另一些则没有，前者记录了一些关于后者的重要历史细节。人们将这个新石器时代晚期至青铜时代开始之前的时段，统称为“铜石并用时代”或“铜器时代”。

俄罗斯有一个民间传说，说在神秘的欧伯纳王国，有一个位于地球边缘的乌托邦式的人间天堂。那里的居民健康快乐，营养均衡，生活富裕。人们称这片神秘的土地为彼乐地，它与塞尔维亚鲁德尼克山上的一个考古遗址同名。几个世纪以来，这里是伊利里亚人、凯尔特人、罗马人和斯拉夫人的家园。在关于彼乐地的古城堡和被诅咒的女王等传说中，包含着一个可靠的证据，即最早使用高温熔炼铜的确切日期约在公元前5000年。

冶炼是加热金属矿石以提取金属的过程。我们已知的首批冶炼金属是锡和铅，这要归功于在土耳其的加泰土丘出土的铸造铅珠。其铸造时间至少可追溯到公元前6500年，比文字还早了3500多年，所以我们无从知晓这项创新是如何以及为何出现的。但是，我们知道古代近东的其他文化很快也开始尝试冶炼：在伊拉克出土的铅手镯，与土耳其铅珠几乎处于同一时期。铅在伊拉克相对罕见，我们无法确定这些材料和技术是否通过运输和交易获得，也无法断言这是否为孤例。不过，有一种结论可用来解释贸易的起源：铜器时代是发明车轮和驯化马匹的时代。这两项创新最终使货物便捷运输和远距离贸易成为可能。

锡和铅是软金属，可在壁炉或营火（营地旁点燃的火堆）高温下液化，所以即便无意为之，它们仍非常容易熔化。但这些软金属也有自身的局限：不能取代石头具有的多种用途，比如不能制造工具和武器等。另一方面，铜的冶炼温度要比普通木火高200摄氏度左右。我们不知道第一批铜匠是如何获得所需热量的。当然，理论上可以使用陶瓷窑炉，这种窑炉可以达到更高的温度。人类最早熔炼铜器时，已存在新石器时代的陶器文化，所以窑炉假说是我们目前最可靠的猜测。陶器文化确实影响了铜器时代其他技术的创新，比如陶轮比普通车轮的发明至少早了几个世纪。第一种已知文字——古苏美尔（现为伊拉克）的楔形文字——就刻在泥板上。

几乎可以肯定的是，石器时代彼乐地铜匠的语言就是变体的原始印欧语，这是许多旧大陆语言和文化的共同祖先。20世纪50年代，考古学家玛利亚·金布塔斯最先提出“库尔干假说”。公元前6世纪，原始印欧人开始从东欧大草原（俄罗斯和乌克兰南部的一部分）横扫亚洲和欧洲。2007年，人类学家大卫·安东尼进一步完善了前述理论并出版著作《马、车轮和语言：欧亚草原青铜时代的骑马者如何塑造了现代世界》。安东尼的理论描述了青

“人们常将新石器时代晚期到青铜时代开始之前称为‘铜石并用时代’或‘铜器时代’”

△ 艺术家对发现于西班牙安达卢西亚的原始城市洛斯米利亚雷斯印象很深。这座小镇始建于铜器时代，结构上多重设防。它见证了后来的欧洲烧杯文化、巨石主义和克拉米克陶器等文化的发展。小镇居民近千人，在较小的住宅中间，有一座专门冶炼铜的大型建筑

铜时代之前的气候变化是如何导致早期游牧民族大迁徙，从而促进不同群体之间的语言、文化和技术交流的。这些牧民有可能是最早驯化马匹的人。同时，因驯化马匹而产生的流动性使人们可以在更加宽广的地理范围内活动。这也导致了战争的出现，并促使人们产生了制造更加先进的武器以图自保的想法。随着铜器时代向早期青铜时代过渡，人们开始对定居点加强防御。亚欧地区的辛塔什塔文化发明的战车，迅速在中东和埃及得到普及，辛塔什塔人也随之在这些地区进行铜的交易开采。安东尼的理论可由塞伊玛—图尔宾诺现象印证，该现象描述了青铜时代早期（公元前2100

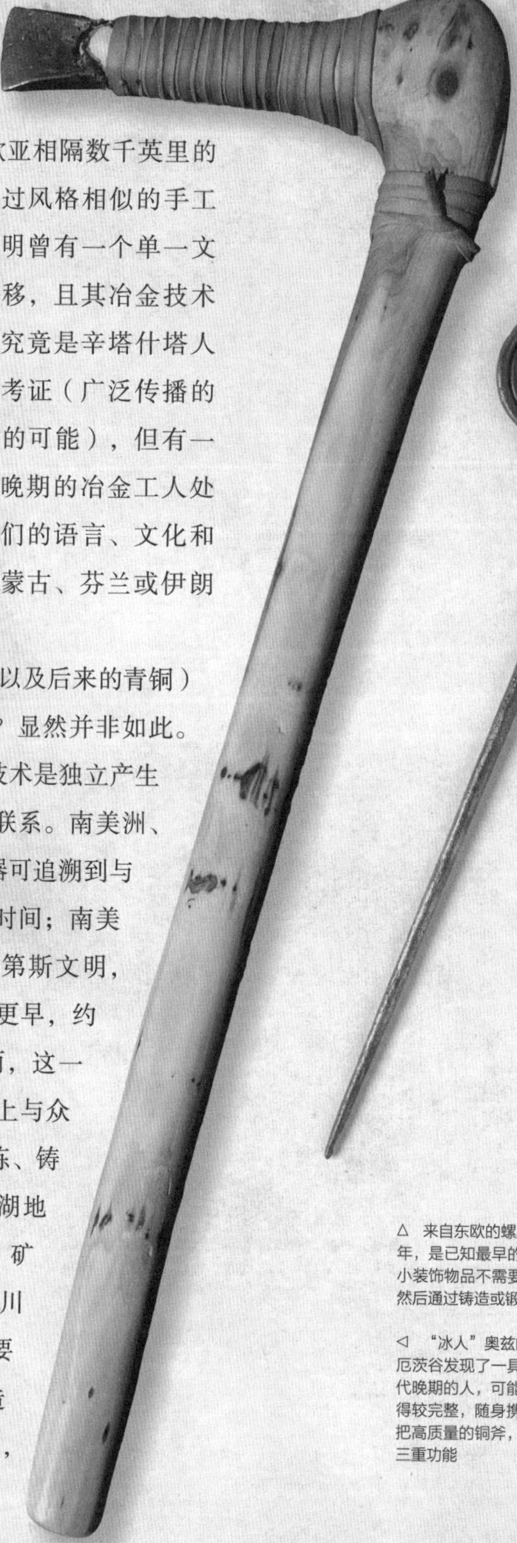

年—前 1900 年），在欧亚相隔数千英里的不同地区，曾短暂出现过风格相似的手工艺品和殡葬仪式。这表明曾有一个单一文化群体大规模、快速迁移，且其冶金技术比旁人更加进步。他们究竟是辛塔什塔人还是其他群体，还有待考证（广泛传播的烧杯文化是另一个潜在的可能），但有一点是肯定的：铜器时代晚期的冶金工人处于青铜时代的边缘，他们的语言、文化和技术也随着迁移传到了蒙古、芬兰或伊朗等遥远的地方。

他们是唯一将炼铜（以及后来的青铜）技术带到世界上的人吗？显然并非如此。我们知道，美洲的冶金技术是独立产生的，与旧世界并无已知联系。南美洲、中美洲及美国出土的铜器可追溯到与欧洲和亚洲铜器相似的时间；南美洲已知最早的文明是安第斯文明，但在北美洲则可追溯到更早，约在公元前 5000 年。然而，这一时期的北美铜器在技术上与众不同：它们不是经过熔炼、铸造或锻造而成的。五大湖地区的生铜资源非常丰富，矿石因受到冰河时代的冰川冲刷而更接近地表，只要利用水、火在表面制造裂缝，然后用石锤敲打，

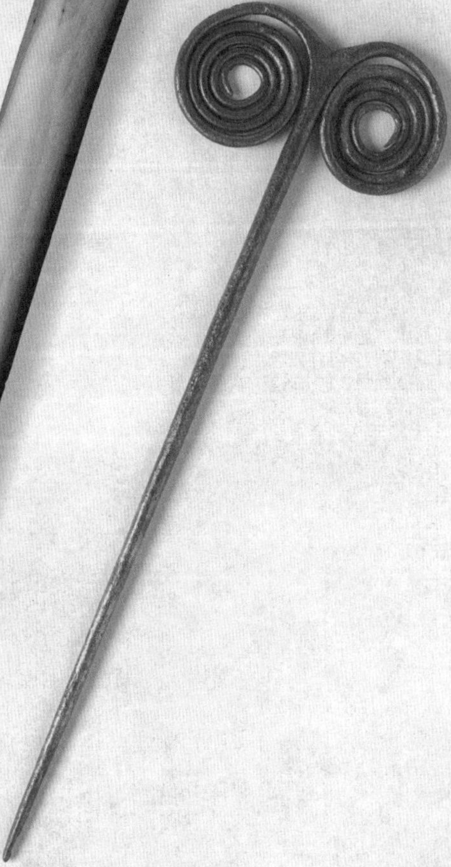

△ 来自东欧的螺旋头铜针，可追溯至公元前 5000 年，是已知最早的铜器时代的文物之一。像这样的小装饰物品不需要用矿石熔炼，可直接用生铜冷锻，然后通过铸造或锻造而成

◁ “冰人”奥兹的铜斧。1991 年，在阿尔卑斯山厄茨谷发现了一具被谋杀的冰人尸体。他是铜器时代晚期的人，可能是一名铜矿勘探者。他的服装显得较完整，随身携带着一系列实用的物品，包括一把高质量的铜斧，可能具备工具、武器和身份象征三重功能

“青铜时代以前的气候变化导致了游牧民族的大迁移，从而促进了语言、文化和技术的交流”

就可将铜冷锻成所需的形状（实质上是一种原始液压法）。但是，古代南美人对冶金学已有充分了解。有证据表明，安第斯山脉中部地区的炼铜技术可以追溯到公元前 2000 年。尽管迄今为止在安第斯山并未发现人工铜制品，但 2017 年发表在《自然》科学杂志上有关伊伊马尼山峰冰芯的化学分析结果显示，安第斯山中部地区已冶炼出大量的铜，并在附近的冰川中留下了痕迹。

铜当然是制造青铜必不可少的元素。人们创造熔炼文化后，很快发现可将熔融金属混合制成合金。在中东发现的第一批青铜就是砷铜合金，但在青铜时代更加坚硬、无毒、无烟的青铜则是铜锡合金。这两种金属很少能自然地结合在一起：全世界只有三条沉积有这两种金属的矿脉——分别在英国、泰国、伊朗。在青铜时代，人们必须与很远的地方进行贸易，才能获得足够的材料以支撑文明的发展。也许正是铜器时代聪明且流动性强的人，为他们带来了所需的材料与足以改变世界的技术和想法。

非洲：错过青铜

我们认为青铜时代是迈向进步的必经之路，但有些地区的文化却直接从铜器时代迈向铁器时代。研究表明，约从公元前 1000 年起，西非尼日利亚的诺克文化就开始生产铁。非洲炼铁厂采用了一种称为初炼的特殊熔炼技术。旧世界的其他地方并未采用这种技术，在进入铁器时代（公元前 1200 年）后不久才开始采用早期高炉技术。

殖民主义的遗产表明，古代非洲冶金学是一门研究不足的学科——几十年来，历史学家坚持认为早期冶金技术是通过埃及或腓尼基、迦太基、突尼斯输入非洲，但直到 19 世纪，非洲大陆才开始生产铁。与世界其他考古冶炼遗址相比，对古代非洲锻铁炉的研究仍面临更加严苛的质疑。比如，从锻铁炉木炭的来源及储存方法，到已出土的铁制品的物理背景，再到精确的放射性碳测年法对公元前 800 年—前 400 年测试时所固有的问题，都会引起争论。尽管我们现在可以肯定地说，在殖民时期之前非洲已经在生产和使用铁了，但冶铁到底是非洲独立产生的，还是从非洲边缘国家或经亚欧贸易、技术路线引进的，仍存在争论。

△ 使用中的锻铁炉。锻铁炉（块炼法）是第一种能够产生足够高温的冶铁方式。冶炼出来的铁必须经过进一步加工和锻造才能用来制造物品

▽ 在西兰岛西北部古老的特伦霍尔姆的莫瑟沼泽地表之下，人们第一次看到超过三千年的古代宝藏隐约闪烁的光芒

特伦霍尔姆的太阳马车

THE TRUNDHOLM SUN CHARIOT

无论是古老的历法，还是每天划过天空且具有神话象征意义的太阳，这座令人惊叹的雕塑背后所隐藏的含义，时至今日仍吸引着专家们

△ 有人认为，类似于埃及神话体系，圆盘带有黄金装饰的一面描绘了太阳在白天穿越天空的轨迹，而黑暗的一面描绘了它穿越冥界的夜晚

1902年秋，一位丹麦农民首次犁地时的发现，足以震惊几十年后的考古学界。特伦霍尔姆的太阳马车，一件北欧青铜时代的雕塑，与此前出土的任何物件都不相同。奇怪的是，太阳马车周围并没有出土其他可提供线索的物品。考古学家们逐渐开始探索它的神秘功能和象征意义。

由于特伦霍尔姆的太阳马车发现于花粉分析法问世之前，专家们无法就其确切年代达成一致。不过，丹麦国家博物馆已将其起源定在约公元前1400年，即北欧青铜时代。太阳马车由许多部件组成：一匹马站在一根杆子上，杆子连接四个前轮和两个后轮，后轮支撑起一个直径为25厘米的青铜圆盘。圆盘由失蜡法铸造，一面涂有一层薄薄的黄金，以区别于雕塑的其他部分，许多人认为这象征着太阳的金光。同时，圆盘上还刻着神秘的符号：锯齿形、同心圆及外表面标记。有人认为这些标记代表阳光；也有人认为车轮象征着战车上的太阳；但也有人认为车轮只是雕像的补充，以方便拉动马车；还有许多人认为它不仅仅是一辆马车，更是每天拉着太阳穿梭于天空的神话信仰。有专家认为，它的创造者非常熟悉天文学，还有些专家甚至认为它或许具有历法功能。

后来，该地区流传的神话为马车形象提

“这是否是现存唯一的太阳马车，至今仍无定论”

供了线索。比如，在挪威神话中，斯基法克西是一匹负责带领“达古”（意为“白昼”）马车越过天际的马。北欧神话中另外两匹马是阿尔瓦克和阿尔斯维，它们负责太阳女神索尔的马车。这是否是现存唯一的太阳马车，至今仍无定论。在同一地区的杰斯堡黑根也发现了部分太阳圆盘，这很可能是另一辆马车的一部分。特伦霍尔姆的太阳马车现存于丹麦哥本哈根国家博物馆。

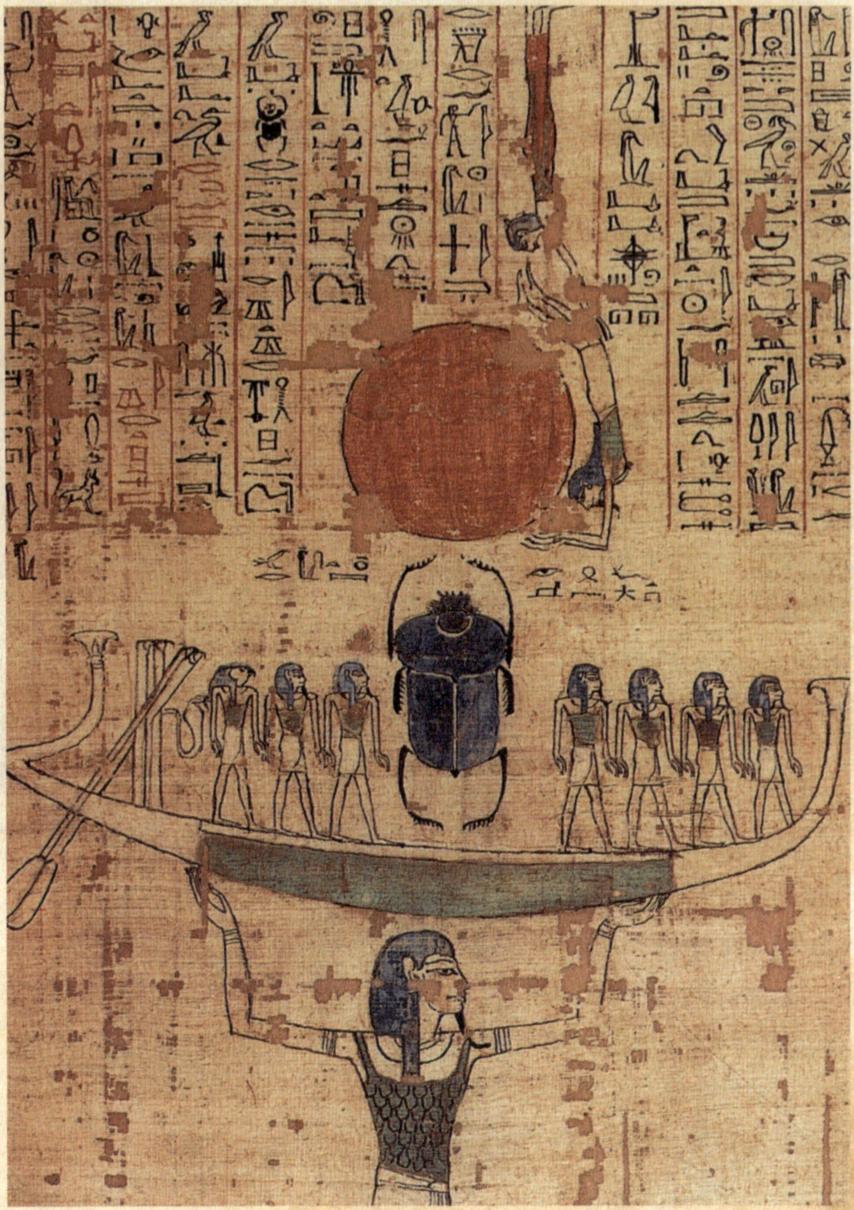

▷ 在埃及、中国、印度等许多国家的神话中，常出现太阳驳船和马车的图像，表明太阳穿梭于天空之中

神秘的后母戊鼎

THE MYSTERIOUS HOUMUWU DING

神秘的后母戊鼎来自一个由传奇国王统治的国度，
这件礼器是现存古代世界最重的青铜器

中国最早的青铜时代的考古证据可追溯至建立在黄河岸边的商朝。公元前2000年，今天的河南省崛起成为权力和青铜器加工中心。伴随着冶金财富而来的是政治、军事力量，以及由此产生的文化——这种文化影响着资源和生活环境。当周朝推翻商朝时，两个政权拥有的物质文化便构成了中国青铜时代的象征。正是在这一地区，出土了世界上最大的青铜器——后母戊鼎。

商朝的后母戊鼎出土于河南安阳，传说这里就在颛顼和帝喾（“五帝”中的两位）几个世纪前建立的都城附近。鼎是一个中空的祭祀容器，用以储存或烹饪食物。然而，鼎并非仅作为实用器皿，也

△ 后母戊鼎，有四条腿，高133厘米，口长110厘米，重约830千克

“鼎是一个中空的祭祀容器，用以储存或烹饪食物。然而，鼎并非仅作为实用器皿”

可用来存放祭祀供品及举行复杂的仪式，例如献祭祖先等。

鼎上刻着的“后母戊”字样，意为“王后戊”，是指伟大的商朝国王武丁的几十位妻子之一，真名为“妇妌”，她也是商王册封的三位王后之一。妇妌是一个令人印象深刻的人物，她参加过远征，也举行过占卜国家重要事务的仪式，在农业方面亦贡献颇多。虽然鼎出土于1939年，但直到20年后才在这位王后破旧的宗庙中再度被人发现。

中国青铜制品采用铸模法制造，可添加复杂的饰纹，包括几何、云雷图案等。鼎也不例外。人们常用饕餮来装饰鼎。饕餮是中国神话中的四大恶兽之一，以兽首的形式出现，有眼睛但无下颌且造型对称。后母戊鼎的四面各有装饰，饰以饕餮纹和夔龙纹，上部共有两个鼎耳，正面是一对老虎，虎口相对，中间有一个人头。

2003年，中国政府颁布法律，禁止后母戊鼎及其他重要文物出国展览。

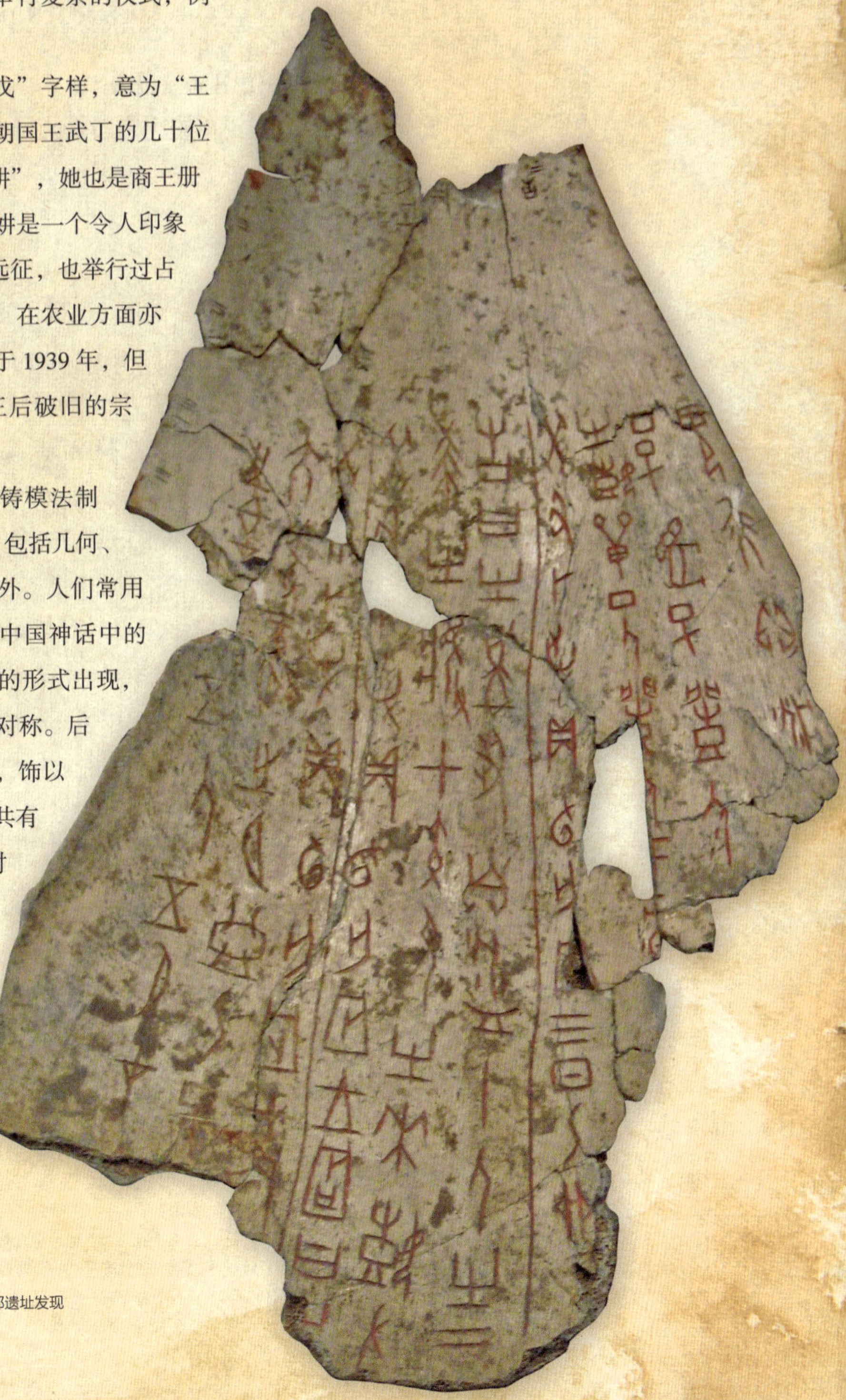

▷ 在今河南省安阳市附近的商朝国都遗址发现的甲骨文，证实了商王武丁的存在

青铜是如何产生的

HOW BRONZE BEGAN

无论青铜出现在何处，
它都是一个不可复制的历史转折点

在铜器时代，人们首次熔炼和铸造金属工具。铜所散发出的光泽及可塑性使其成为这个时代的奇迹之一。然而，纵使铜光彩夺目，仍存在缺陷：极易弯曲变形。的确，人们很难把铜钉钉进木头。金属若要实用，就要有足够的硬度。随着冶炼技术的进步，人们开始将不同种类的金属混合，制成合金。青铜时代也是一个合金时代。

发明青铜

将两种质地柔软的金属按照一定比例混合，就可以制造出比两种金属都硬的材料。这听起来有点荒谬，若要理解其中原因，就必须弄清楚金属内部到底发生了什么。

固态金属元素具有晶体结构。在整个金属材料中，原子重复排列成固定的结构，形成被电子包围的原子层。在纯金属中，这些原子层有序排列，原子可以很容易地在结构内部移动，从而形成具有延展性的材料。

然而，制造合金就要注入新的元素。新元素的原子与原始金属的原子的性质不同、大小各异，因而与原始金属的晶体结构不符。这就像把棒球混入足球一样，会呈现一种无序状态。然而，这种无序却可以带来许多好处。由于没有整齐的原子层结构，金属内部就需要释放出更多的力以推动原子在各层之间的运动穿梭，这样便形成了更加坚硬的材料。同时，新的合金结构可能比纯金属熔点更低，从而更易于铸造及再铸造。

关于首批青铜器的制造地点，至今仍有争论。即便有可靠的考古背景，测定金属的年代仍很困难。目前的观点是，一旦拥有冶炼铜的能力，青铜技术就会在不同的时空中出现。不过，首批合金可能是偶然形成的。

铜和砷在许多地方都是被同时发现的。埃及的铜矿石中含有大量的砷，当这些矿石中的铜被冶炼出来时，无意中就会形成砷青铜合金。这种合金熔化后更容易流入铸模，可用来制造更耐用的工具。在某种程度上，

“将两种质地柔软的金属混合在一起，就可制出比两种金属都硬的材料”

▽ 石范可以用来反复铸造青铜物品，比如这把在意大利出土的约公元前 1900 年的剑

△ 冶金工人的新型合金技术，很可能是偶然发现的

人们已经认识到使用合金铸造的工具更实用。不过，后来的合金中砷含量不断增加，远远超出了偶然污染的可能。这表明人们已经有意识地将砷添加到铜中。不过，若砷的含量超过2%，制成的金属便易碎易裂。许多来自不同时空的物件表明，砷的含量非常精确地被控制在某一范围之内，这表明冶金工人对这一复杂的工艺已有深入的了解。对于不知道元素为何物的古人而言，这已是相当大的成就。很可能是砷化合物在被加热或锤打时散发出的大蒜味，给冶金工人帮了忙。

锤打加工砷青铜后，就会形成一种边缘更加锋利的结构。埃及在公元前5000年的前王朝时期至公元前2000年的中王国时期一直使用砷青铜。虽然古代冶金学家们并不知晓这种合金的制造原理，但在熔炼铜的过程中加入砷还有其他好处。如果在熔炼铜时存在氧，就会产生氧化铜，削弱成品的硬度；而加入砷后，砷与氧反应生成砷氧化物，进而挥发掉，使铜避免氧化。我们后面将看到，砷氧化物的挥发还会带来其他意想不到的结果。

在冶炼铜的过程中添加砷，还可能是出于美学的考量。合金中砷含量的变化会改变青铜的外观，砷越多，合金越偏银色。在高加索地区，人们发现青铜匕首的外层包含更多砷，这或许就是为了改变外观。约公元前3000年，尽管锡是一种极稀有且难以开采和运输的材料，但在中东许多地区，锡已成为制造青铜的首选元素。为什么一种普通的成分会被另一种稀有且昂贵的成分取代？这是因为人们发现加工砷极具危险性。锡青铜则在这方面具有优势。

◁ 青铜保持锋利边缘的能力使它在许多手工工具中占有一席之地，比如这个来自班清文化的扁斧

许多古代宗教的神殿中都供奉着一位拥有诸多技艺的神，而其技艺无不包含锻造。在希腊，赫菲斯托斯是冶金工人供奉之神，而罗马人则供奉伏尔甘。在两种文化中，这两位神都被称为“跛子”，以一瘸一拐的形象示人。其他铁匠之神，如维兰德、沃兰德和伊尔马利宁等，也都被描绘成具有某种残疾的形象。虽然神话为他们的残疾提供了解释，但有人认为这实际是源于人们对冶金工人因工作中接触砷而致残的记忆。

工人若吸入大量冶炼过程中产生的砷蒸汽，就会造成慢性砷中毒，进而患上周围神经系统损伤等疾病，有时会出现跛行或拖脚。而经常接触砷的人会有呕吐、抽搐等可怕症状，甚至死亡，这是为追求更好的工具而付出的代价。人们将锡引入青铜制造的过程，可能源于一种愿望——不想让最好的冶金工人丧命。

锡除了比砷毒性小之外，还有其他优点。当铜中加入 6% 到 10% 的锡时，会得到一种青铜：它不仅坚固，而且耐盐水腐蚀，并能保持边缘锋利。不过，不同地区的锡铜比例各不相同，如中国的青铜剑通常含有高达 20% 的锡，这使其刀刃非常锋利，但却很脆。根据锡的添加量不同，可以生产出不同质量的青铜，方便日后加工。6% 的锡制成的软青铜可以被打成薄片，用于制造头盔和盔甲；而 10% 的锡制成的经典青铜则可用于制造剑和其他工具。

锡青铜和砷青铜一样坚固，熔化后的金属可以平滑地流入铸模，填满所有空间。锡真正的优势在于每次都可以制造出相同类型的青铜。砷的危险性在于它产生的气体。由于砷的释放量取决于温度乃至氧气供应等一系列条件，所以无法完全确定合金中砷的最终残留量。而锡是不易蒸发的，富砷矿石中砷的含量各不相同，但金属锡则是纯锡，每次都可加入固定的量。

既然有了制造青铜的配料和配方，就可以开始铸造了。

铸造青铜

采矿和炼铜使青铜时代的人们很好地掌握了生产青铜的技术。锡的熔点是 232℃，远低于铜熔点的 1085℃。一旦铜在熔炉中熔化，向液态铜中加入定量的锡便会自动生成熔融青铜，随后便可倒入铸锭或立即铸造其他物品。在青铜时代，获得锡可能很难，但利用锡却很容易。

根据青铜易熔的性质，人们可以熔化青铜重新铸造再次利用。比如，如果一把剑或一副盔甲破损了，可以重新投入炉中熔化。

“有人认为，铁匠之神的残疾源于人们对冶金工人因工作中接触砷而致残的记忆”

从石头到青铜

箭是古代武器库中最强大的武器之一。它轻便好用，且能远距离攻击。同时，它也为猎人和士兵提供了巨大的优势：超越猎物的速度——无论猎物是人还是动物。在石器时代，箭镞通常选用凿过的石头。

以一定的角度敲击某些石头，比如燧石，会获得一个令人难以置信的锋刃，可轻松刺穿肉体。同时，也可通过改变石头的形状进而改变箭的飞行方式和击中目标的时间。在整个石器时代，乃至进入青铜时代后，箭镞一直是尖头形状。后来，青铜逐渐淘汰了石头。石头箭镞虽然锋利，但也很脆弱，不能击碎青铜盔甲。因此，要想击败披甲的敌人，必须用青铜箭镞。即便是熟练的工匠可能也要花很长时间制作一个箭镞铸模，但却可以从铸模中一次性取出大量青铜箭镞。在残酷的青铜时代，石头再也无法切割青铜。

▷ 像这样的埃及青铜箭镞可以击穿盔甲，刺入敌人的身体

青铜在950℃时变成液体，比铜的熔点还要低，所以不需要特殊加热技术便可重复利用。工匠若在熔炉旁使用风箱，很快就可以把青铜还原成液态。

为铸造青铜，人们曾尝试过多种技术。最简单的是砂模铸造法：制作木框并用砂子填充，便可以压印出任何铸模。比如，人们可以用黏土做一个斧头模型埋到砂子里，然后将另一个填充好砂子的框架置于上部，并尽可能把砂子压实，最后打开框架，就会形成一个与斧头形状完全相同的铸模。铸造时要小心移除部分砂子以便注入熔化的青铜。这就是铸造砂模所需的一切。不过，由于砂模不易保存，尚未出土用砂模铸造青铜的考古证据。

今天已经出土了许多当年各个地方日常使用的石范。比如意大利出土了大量青铜时代用于制造斧头、匕首、镰刀或饰品的石范。制作石范时，需用青铜凿子将细粒石一分为二，并精心凿出物体的最终形状。这是一种考验熟练与耐心的技术，不过石范一旦制成，就可反复利用，铸造出成百上千个相同的青铜制品。

与石范不同，黏土铸模在铸造青铜制品时只能使用一次。制作黏土铸模可以非常简单，比如用黏土包裹剑刃就可以制作出一把剑的铸模。当然，制作黏土铸模也可以十分复杂。在青铜时代晚期，人们开始使用“失蜡”技术，即用蜡制作铸模，外层包裹黏土。当黏土在窑中烧制硬化时，蜡会燃烧挥发，从而形成型腔。

中国的鼎就是用黏土铸模制造的，这涉及许多复杂的步骤。首先，用黏土制成鼎的初始铸模，包括它的装饰。铸模一旦变硬，

△ 熔化的青铜可以注入任何形状的铸模，这使制造复杂物品变得简单

▷ 向金属中引入新元素可能破坏原有的原子结构，产生一种性质截然不同的材料

△ 后母戊鼎是目前已知的青铜时代最大的青铜器，用黏土铸模制作而成

就用湿黏土敷在表面，通过拍打使铸模的外形和纹饰反印在黏土上。等到反印的黏土晾干后，就可取下。然后，将初始铸模按照最终铸件的厚度进行刨削。最后，将反印的黏土板围在刨削后的铸模四周，就可铸造出一件非常精致的容器。例如，约公元前 1000 年铸造的后母戊鼎，重约 830 千克，是现存最大的青铜器。

青铜在耐久性、硬度和保持刀刃锋利等方面的独特优势使其最终取代了铜。不过，用青铜制作锋利的刀刃需要对其进行硬化加工。通过敲打刀片边缘，不仅可以消除铸造过程中的缺陷，也会使青铜的原子层发生变化。敲打会使金属内部产生较小的晶粒，如同合金的原理一样，这样可以增加原子层在金属中平滑穿梭的难度。

铸造青铜制品的最后一步是抛光。由于合金成分不同，抛光后的青铜会呈现金色或银色，且又比金银坚硬得多。青铜的光泽使它成为当时最高级的材料之一。

使用青铜

人们很难确定青铜最初的用途。虽然测定青铜的年代可能存有争议，但事实上青铜在古代是一种非常昂贵的材料，只有最高贵的人才有可能用青铜随葬。青铜几乎可以无限重复回收加工，因而不会浪费。在最早发现的青铜制品中，有像矛头、箭镞和匕首这样的武器，也有很多用于艺术、首饰和装饰的手工艺品。

抛光后的青铜不仅可以在耀眼的日光下闪闪发光，还可以在摇曳的灯光下熠熠生辉。世界各地的青铜遗址都出土了青铜制成的手

青铜时代的剑

随着剑的不断普及，人们开始改进剑的形状，以便更加有效地砍倒敌人。第一批剑用起来很像匕首，前部很尖，适合刺杀敌人。不过，剑刃连接手柄处成为剑的弱点，增加了剑折在手中的危险。

剑刃较宽的剑，如叶形剑，因在战斗中更加耐用而得到发展。战士利用两边的利刃砍杀来自任何方向的敌人。一种被称为“鲤舌”的剑装有三角形刀刃，满足刺、砍等多种需求。

在美索不达米亚，霍佩斯弯刀最受欢迎。它是钩状，外缘开刃，加厚的内刃提供更大的力量，刀尖可攻击敌人。弯曲的形状可以使士兵钩住并拉开对手的盾牌进行攻击。直至青铜时代晚期，霍佩斯弯刀一直是许多中东文明的首选武器。

▷ 在青铜时代，剑广泛用于战争，虽然经常损坏，但仍被精心装饰，以凸显其致命的力量

镯及其他首饰。比如，印度河流域的哈拉帕文明出土的青铜雕像“舞女”（公元前2600年—前1900年），共佩戴29个手镯，其中左臂有25个。青铜之美不应因平凡或凶残的用途而被掩盖。

◁ 印度河流域的“舞女”雕塑展示出青铜是如何创造和毁灭物质之美的

青铜在武器制造中具有深远的影响。青铜本身的优势开辟了战争的新领域。在青铜发明之前，石质武器、权杖和弓箭是主要的武器。纯铜太软，易钝且易弯曲，不适合用于战斗。而青铜在承受多次攻击后，依然具有致命的威力。

埃及已出土的约公元前3100年的铜制和青铜匕首，装饰精美，大多具有礼仪性的特征。虽然短匕首是大规模战争中近战的实用武器，但这肯定是最后的选择，在战场上，矛、箭和斧才是主要武器。不过，当匕首被慢慢拉长，新的武器就出现了，这就是剑。

剑和匕首并无明确定义。安纳托利亚的阿斯兰特佩的一座墓葬中，出土了约公元前3000年的砷青铜武器，其中既有长匕首，也有短剑。所有武器都由同一个模子铸造而成，有的还带有复杂的银饰。然而，直到约公元前1800年，地中海地区才出现真正意义上的第一把剑。此后，中东及北欧也出现了刀剑。德国内布拉曾出土两把公元前1600年的青铜剑，这表明制剑技术传播得很快。

最早的青铜剑并无手柄，柄是从剑刃底部添加的一块金属，所以必须用铆钉固定。这就使剑有了弱点，当剑刃在撞击中折断后，战士手中就只剩下金属柄了。人们发现许多早期的青铜剑都有铆钉断裂的痕迹。所以，即使后来在剑刃根部增加了手柄，但仍然保留了铆钉，避免剑刃飞出的危险。

当然，青铜不仅用于战争和装饰。青铜虽是一种昂贵的材料，但在农场或家里也占有一席之地。青铜斧砍树可如战场杀敌一样轻松。带石刀的犁虽然很好用，但若撞上地里的石头，便会碎裂，使用青铜犁后，这一问题便迎刃而解：即便稍有损坏，也很快就可以修复。每逢收割时节，有一把青铜镰刀就可轻而易举地收割谷物。

即使在小村庄里，青铜也能产生巨大的影响。泰国班清出土了许多约公元前1900年的青铜制品，展示出一系列不以战争为动机的青铜用途。班清人并不好战，但仍进口并使用青铜工具，如削平木料的锛子、厨房用具、装饰性手镯和铃铛等。

青铜时代已通过贸易和战争改变了世界，但对当时大多数人来说，青铜为人们的生活质量带来的微妙改善足以使其留下更深刻的影响。

“在最早发现的青铜制品中，有像矛头、箭镞和匕首这样的武器，也有很多饰品”

柏林金帽

THE BERLIN GOLD HAT

曾被视为古代生育象征的柏林金帽，
到底是史前太阳神的象征，还是古代的日历？

青铜时代是首个金属时代，那时点石成金的炼金术成为一种崭新的魔法。对许多人来说，柏林金帽比当时任何物品都更能体现这种魔力，因为它让人联想起头戴金饰、穿越时空的古代祭司形象。

3000多年后，这顶奇怪的圆锥形金帽仍然保持着原始状态，并散发出孕育它的史前世界的魔力。人们认为它是一种仪式性头饰，是现在仅存的四顶圆锥形金帽子之一，被称为“席费尔施塔特样式”。这是幸存的唯一一件结构完整且边缘完好无损的同类文物。没人知道这顶帽子是在哪出土的，只知道它是柏林史前和早期历史博物馆于1996年从艺术品经销商手中购得。据报道，它来自瑞士或施瓦本的私人收藏，人们猜测这顶帽子是非法贸易或盗墓所得。另外三顶帽子，有两顶发现于德国纽伦堡和施派尔，有一顶发现于法国的普瓦捷。这顶帽子奇迹般由一块金片锤打而成。它虽高74.5厘米，但很薄，重量不足500克，比一条长面包还轻。人们认为，黄金是内帽的外部覆盖物，内帽由有机材料

▷ 专家们怀疑这种帽子是献祭众神的祭品，因为另外三顶帽子都埋于地下，并保持直立的样式，象征着死亡仪式

如皮革或织物制成，可能还配有颏带。

许多人认为，这顶帽子象征着对自然的统治，可能是祭司举行仪式时所戴。因为帽子上的蚀刻画展现出令人难以置信的先进的天文知识，以至于一些专家将这些祭司称为“时间之王”。帽子的装饰与青铜时代晚期的样式相似，都是用滚轮、冲模浮雕而成，因此专家认为其年代约在公元前1000年—前800年。金帽上的21个分区所呈现的一系列圆圈、新月和带扣图案已显示出时人对日、月历法已有深刻的认识。人们能够观测相位，甚至预测月食，以指导种植和收获庄稼。四顶金帽的出现使专家怀疑青铜时代的中欧是否已存在太阳崇拜，帽子是否就是太阳神的象征。

这件作品现在陈列于柏林博物馆岛的新博物馆内，位于拱形的“星室”中央。它光彩照人，仍与最初制作时一样神奇。虽然这种精致的宗教仪式似乎与我们21世纪的生活格格不入，但它揭示了一个跨越时间的共识：人类仍然对共享了数千年的太阳和星辰充满惊奇，对我们拥有的夜空心存敬畏。

“这些帽子的出现使专家怀疑青铜时代的中欧已存在太阳崇拜，帽子或许就是太阳神的象征”

◁ 这顶帽子的底部由一根可放在头上的铜质饰带加固，帽檐则由金属丝加固

布什·巴罗古墓

THE BUSH BARROW BURIAL

据说，不列颠最富有的青铜墓是“巨石阵之王”的坟墓，墓中存有类似王冠的珍宝

◁ 由于巨石阵本身就是一座古老的天文建筑，有人认为布什·巴罗古墓的菱形造型也是一种占星工具

△ 威尔特郡诺曼顿镇的布什·巴罗古墓的名字，源于考古学家威廉·斯蒂克利于 18 世纪 20 年代在其顶部种植的树木

青铜时代早期的布什·巴罗古墓位于英格兰威尔特郡的诺曼顿镇。这里是不列颠整个青铜时代（公元前 2000 年—前 700 年）举行仪式和典礼的重要场所，也是巨石阵景观的一部分，被联合国教科文组织一并纳入世界遗产名录。1808 年，一位名叫威廉·卡宁顿的羊毛商人在理查德·科尔特·霍尔的资助下，挖掘了这座古墓。墓室内部装饰华丽，而墓主有 1.8 米高，远远高出同时代人一大截。许多人认为墓主应是当时该地区一位重要部落的酋长。墓主约在公元前 1950 年下葬，比巨石阵竖立的 3 块巨石晚约 550 年。

在挖掘过程中，卡宁顿发现了一些不列颠最壮观的陪葬品：一根抛光的权杖、五个圆柱形骨座和两个风格迥异的金锭。最新研究表明，目前发现的两把青铜和黄金匕首可能出自高度近视的专家之手，这些人或许自 10 岁起就开始接受训练。之所以这样说，是因为装饰匕首的 14 万枚金质别针非常小——只有 1 毫米长，0.2 毫米宽；别针穿过由锥子在木柄上打出的小孔时，需用镊子夹住续入，再用树脂将其粘成人字形。有

“专家认为这是古代威塞克斯王国一个社会精英的墓葬，因为只有社会上最有名的人，才能拥有这样的陪葬品”

人认为这些别针是由布列塔尼工匠在爱尔兰制造的。专家认为这是古代威塞克斯王国一个社会精英的墓葬，因为只有社会上最有名的人，才能拥有这些或许要花费 2500 个小时才能做好的陪葬品。还有人称赞青铜时代的技术“巧夺天工”。两个大小不同的金菱片是另一件令人着迷的作品。它由一块覆盖着金箔的木头制成，上面饰有精心雕刻的图案。它的形状与装饰由三个同心圆反复绘制的六边形组合而成，显示出古人全面的几何知识。据说，站在诺曼顿镇可以清楚地看到远处的巨石阵。我们只能畅想，这位埋葬在神秘古墓中的布什·巴罗勇士是否在沉睡中守护着这片圣地。

△ 布什·巴罗古墓菱形上精密的模具和微小的细节都表明其由技艺高超的工匠制成

△ 威尔特郡博物馆正展出布什·巴罗古墓出土的文物：金菱形、金皮带扣和铜匕首

青铜时代的贸易

TRADE IN THE BRONZE AGE

青铜时代各国家间并非处于孤立状态，
贸易已将商品、知识和文化潮流带到了一个不断变化的世界中

想要铸造青铜，首先要备齐铜和锡。铜是一种常见金属，不难找到，锡则不然。在古代世界，锡相当稀有。对于美索不达米亚的冶金工人而言，英国康沃尔或中国云南的锡矿就像月球一样遥不可及。不过，获得锡又是必须完成的任务。因此，青铜时代的人们创造出跨大陆的贸易网络，并通过创新加速货物的流通。

锡贸易

青铜时代早期的作品似乎是用来展示金属之美的。青铜抛光后便会呈现美丽而温暖的金色，硬度也比铜或金大得多。最早的青铜制品是饮用器皿和饰品，只需少量的锡就能生产出这些小物件。然而，随着时间的推移，当使用青铜制造出强有力的武器后，人们很

△ 在驯养马之前，人们最先用野驴运输货物

快意识到青铜刀刃比之前的石质或铜质刀刃更加耐用，而武装一支军队的锡需求量远远超出日常规模。

在率先步入青铜时代的美索不达米亚，锡并不常见。人们只能从河床采集锡矿石或锡石，这几乎与淘金无异，因此很难找到开采锡矿的考证证据。历史学家也很难找到这一活动留下的遗迹。即便这个地区有锡，也会很快被开采殆尽，必须继续寻找其他来源。

对伊朗代赫霍斯因矿山的开采使我们认识到锡矿之大。该矿山占地数平方千米，有75个用来开采锡和铜矿石的大型矿坑。现场出土的工具和火种表明，至少在公元前2000年，当地就已将矿石加工成金属。而美索不达米亚铸造青铜所用的锡原料或来源于此，当然早期可能使用了其他地方（如今阿富汗的某个矿场）的锡。

锡是如何从产地运送到目的地的？这是考古学家至今仍在争论的话题。在埃及、美索不达米亚和印度河流域，最便捷的运货方式通常是水运。因此，众多城市沿河崛起。我们可以在地中海看到类似的模式，海上贸易的天然港口通常发展成繁华的都市。在土耳其海岸出土的公元前14世纪的乌鲁布伦船只残骸，沉船时载有10吨铜、1吨锡，与制造11吨青铜的金属比例完全一致。由此可见，海洋是古代一条重要的贸易通道。

陆路也同样重要。从出土的公元前19世纪古城亚述的石碑文可知，锡是由驴队带到那里的。每只驴一般可携带大约65千克的标准锡锭。人们将金银带到东方，又将锡带回来。有些文献显示，人们用购买锡的数量来衡量每次运输的价值。于是，一个基本成形的贸易网展现在世人眼前。黄金、纺织品和香料

“可能正是为了即时记录复杂贸易中的变动，人们才创造出文字”

等奢侈品会被运往拥有锡的地方，而锡则流通得更远。商人们很可能只在小范围内运输货物，而非直接前往遥远的锡矿。

贸易与文明

在开展锡贸易之前，美索不达米亚一定已有大规模的木材贸易。沙漠和多石的地貌无法使森林繁茂，人们只能通过河流和陆路搜寻木材，最终从黎巴嫩等地运回雪松，用来建造城镇和船只。这些贸易体系形成于文字出现和青铜时代之前。人们利用该地区的城市构建起一个准帝国。所有城市都使用相同的语言，信仰相同的宗教，但贸易是独立开展的。

贸易对生活在困境中的人们至关重要，因此贸易链变得越来越长。虽然一座城市可能为掠夺和索贡而征服邻近的城市，但若没有互通贸易，有些资源将永远无法得到。当阿富汗人需要锡和青金石时，只有通过合作和交流才能把它们带到美索不达米亚，甚至更远的地方。

贸易使商人住在港口或其他方便运输货物的城市，且往往聚居于某个特定区域。商人按照个人意愿及故乡的指示从事贸易活动。

公元前 2000 年，早期的亚述贸易中心就已展现出管理贸易的复杂互动关系。亚述大约有 40 个贸易殖民中心，其中有些规模很大，由地方议会管理；而另一些则只是交换产品的简易场所。贸易经济牵涉一大批人参与其中。有合资公司的投资者、商人，也有城市议会、管理港口和领导商队的人。可能正是为了即时记录复杂贸易中的变动，人们才创造出文字。

许多古代文字体系，如迈锡尼的“线性文字 B”，大多局限于管理任务，相关铭文并未涉及诗歌或其他富有想象力的艺术。在美索不达米亚出现文字后的最初几百年里，它完全与贸易和库存联系在一起，人们不但可以保存贸易记录，也可以达成远程贸易。当然，一旦将文字用于简单的交易，它就发展成一种更微妙的交流形式，能够传递更多信息。

约公元前 1750 年，商人南尼觉得自己在一笔交易中遭受到了不公平待遇，他便将原委写在一块楔形文字泥板上，这就是已知最早的投诉信。在信中，南尼指责埃纳西尔说：“你来的时候对我说：‘等吉米尔·辛来店里，我会给他最好的铜锭。’然后你离开了。但你并没有遵守自己的诺言。你把次等的铜锭给了替我跑腿的人，还对他说：‘想要就拿着走人，不想要就拉倒！’”人们都不喜欢这种情况，南尼派人去收钱，但埃纳西尔不给。对于此事我们或许无法知道后续结果，但文字是一项重要的发明，它可以记录贸易细节，否则一切将无从知晓。

如果没有共同的交流基础，贸易

◁ 公元前 12 世纪塞浦路斯的青铜雕像，它像一个武士，也可能是神，站立在起保护作用的金属锭上

该如何发生？给别人写信固然很好，但必须保证他能看懂才行。在公元前 2600 年—前 1500 年，阿卡德语一直是商业往来的通用语言。即便阿卡德语不再应用于口语，但它仍作为官方外交语言在埃及、巴比伦和其他国家之间使用。

在不能互通语言的地方，人们必须学习如何交流。双语文本有助于人们相互理解。埃布拉出土了大量用苏美尔语和埃布拉口语书写的泥板。更重要的是，两者虽都使用楔形文字记录信息，但埃布拉铭文可以使用楔形文字来书写语音。埃布拉出土的许多文本都是苏美尔语的单词列表，以及供训练管理贸易路线的抄写员练习使用的泥面。人们还发现了“Urra=hubullu”的副本，这是记录苏美尔语和阿卡德语的词汇表，内容涵盖了从海运到啤酒的一切。

若要进行交易，必须要有东西可以交换。最早的贸易形式是以物易物，但对那些不能或不愿自己运输重物的人而言，需要一种更加有效的方式来记录财富，于是金钱应运而生。金钱是一切商业的根源。在美索不达米亚，有一种衡量单位称作谢克尔，它与一定数量的大麦重量相当，用来维持贸易公平。价格和罚款通常以银谢克尔为单位。运输锡时，大量锡以锭的形式密封在纺织品中，而那些零散的锡锭或称“手摇锡”则被商队用于沿途购物。在其他文化中，一些物品也被赋予票面价值以促进贸易。比如青铜时代的中国将贝壳作为货币的一种。

数学是古代贸易的直接产物。记录进出的货物至少需要加减运算的能力。乌鲁克的泥板记载了最早的贸易账户，包括简单的贸易记录。如果有十只羊到来，就可用十只羊

康沃尔的腓尼基人

希腊历史学家希罗多德在公元前 5 世纪写道：“至于欧洲最西面的地方，我却不能说得十分确定……我也不确定我们获得锡的卡西特里德群岛是否存在……我们只知道锡和琥珀是从极其遥远的地方运来的。”他只知道希腊无锡，但对锡的来源却知之甚少。英国的康沃尔有大量锡，但人们怀疑几千年前是否已有商人来过这里。

约公元前 2000 年，英国就已开始开采锡矿。在德国出土的内布拉星象盘含有来自康沃尔的黄金和锡。这表明至少在公元前 1650 年，英国的任何货物都可以到达欧洲大陆。

针对古代地中海遗址中出土的锡锭，研究人员通过分析其金属同位素，已经确定其来源就是欧洲锡矿。公元前 13 世纪，一个以色列铸锭有可能来自康沃尔。腓尼基人到底是通过水路还是陆路到达康沃尔的？这仍然是个谜。

▷ 由康沃尔的锡和黄金制成的内布拉星象盘展现了目前公认的最古老的夜空图像

的形象来标记。后来，人们开始使用代表数字的符号来取代这种烦琐的记录方式，如在羊前面画圆圈，可代表十只羊。数学这门抽象的学问已经历了数千年的发展，但它最初竟诞生于贸易。

贸易并非仅通过输入外来商品来推动文明的发展。当大篷车经过某地时，他们通常要向当地统治者纳税。在美索不达米亚，要对大篷车征收一种被称为“米克苏”的税，通常是货物的10%。对统治者来说，贸易税是重要的收入来源。

国际关系

人类学家对特罗布里恩群岛的研究显示了，统治者之间的礼物馈赠是如何刺激贸易

◁ 在铸造青铜前，铜和锡要经过长途运输。目前在海里已发现许多牛皮铜锭

乌鲁布伦沉船

乌鲁布伦沉船是 20 世纪最重要的考古发现之一。经过数年艰苦的水下挖掘，包括 22000 多次潜水，人们终于挖掘出这艘船的残骸。这是首次出土青铜时代的船，船上的货物完好无损，有 18000 件艺术品，充分展现了公元前 14 世纪繁荣的贸易景象。

直至一名当地的海绵采集潜水员偶然发现这些遗骸后，学者们才开始怀疑公元前 14 世纪的大量货物可能是通过海洋运输的。这艘船是已知最早的由榫眼和榫头连接而成的木船。船上有 20 吨货物，其中包括 11 吨铜和锡，这正是铸造青铜所需的精确比例。此外，船上的蓝色玻璃锭熔化后可制成奇特的玻璃器皿。而在埃及乌木、河马牙齿和首饰旁还有装满松节油树脂的迦南罐子。船上还有一只金甲虫，身上刻着埃及女王奈费尔提蒂的名字。

没人知道这艘满载贵重货物的船要驶向何方，但却已凸显出当时贸易量之大。

▷ 乌鲁布伦号船的货舱装载着铜锭、锡锭以及运往未知目的地的奢侈品

的。这种被称为“库拉交换”的礼物馈赠活动，通常是将项链和臂镯跨海赠送给其他岛屿。礼物馈赠起初似乎毫无意义，但人们在运送途中也用其他物品进行易物贸易，从而促进了贸易的发展。青铜时代的地中海也上演着相似的剧情。

我们可以从文字证据中得知，礼物馈赠是青铜时代统治者之间一种常见的外交形式。公元前 14 世纪埃及阿玛纳文献，记录了米坦尼国王图什拉塔认为法老埃赫那吞并未如期参与礼物馈赠。“我的兄弟，愿你送给我比父亲更多的东西。你送给父亲很多金子。你送给他大金罐和金壶。你送给他金砖，仿佛它们只是铜一样。”运输这些礼物的大篷车无疑也会携带其他商品。

由于各国需要获得本国没有的商品，他们必须找到一种相互沟通的方式。使臣经常带着国王的礼物及结盟或通商条约不停奔走。卡迭石战役后，赫梯人和埃及人签署了和平条约，呼吁“永久和平”。虽然这可能并未实现，但至少让两国之间的贸易得以继续，从而削弱它们的敌人。

确实有迹象表明，贸易有时可以用作武器。历史上首个禁运令可能就发生在赫梯人、亚述人和“阿希亚瓦人”（可能是迈锡尼文明时期的希腊人）之间。约公元前 1225 年，赫

“由于各国需要获得本国没有的商品，他们必须找到一种相互沟通的方式”

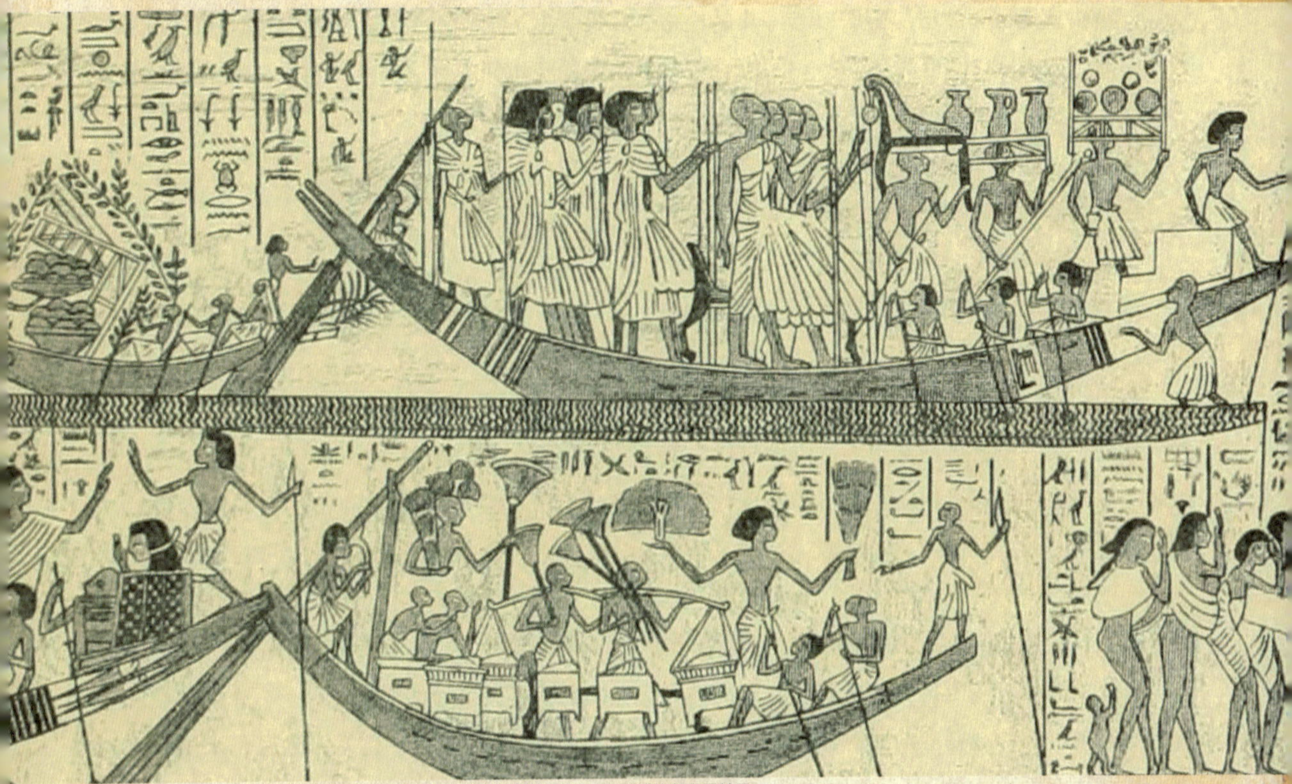

△ 在青铜时代，中东地区的国王经常互派使臣，在馈赠昂贵礼物的同时也建立起贸易关系

梯国王在一份条约中写道，叙利亚海岸的阿姆鲁国王与赫梯人拥有共同的敌人。“你的商人不可去亚述，你也不可让他的商人进入你的领地”，同时，“你不能让任何一艘阿希亚瓦人的船前往亚述”。贸易既推动了国家的崛起，也导致了国家之间的竞争。

贸易机制

国王要想获得充足的货物，除了与外来商人打交道，还需管理好国内事务。青铜时代的乌尔纳姆国王颁布了法律，以控制那些和我们理解的犯罪相似的行为。比如，一个人咬掉另一个人的鼻子，要支付多少罚款等等。不过，在这部法律的序言中，他同样明确指出已将贸易中使用的度量衡编入其中。“从一谢克尔到一迈纳（‘迈纳’也是货币单位），我把所有石头的重量都标准化了。”

当统治者试图控制贸易并从中获利时，下层阶级的人便不得不四处搬运货物。而从业者总会想方设法让工作变得更加容易、高效。商人的这种追求推动了许多技术的发展。

在进入青铜时代之前，几个地区都已开始驯养牛。强壮有力的牛不仅促进了农业发展，在某种程度上还促进了运输业的发展，但牛缓慢且粗暴的天性使其作为运输工具又太过笨拙。在美索不达米亚，人们用牛来拉雪橇。不过，随后人们将过去用来制作黏土的轮子改装到货车上，从而创造出一种全新的运输方式。起初，这些带轮的货车由人或牛拉，但很快就换成了野驴。野驴以其好斗的性格而闻名，或许它们更适合在战斗中拉战车。

约公元前 3500 年，人们在欧亚大草原驯化了马（相当于现在的矮种马）。之后，马很快就成为送信和快速运输货物的工具。约公元前 3000 年，人们在中亚和索马里又首次驯服了骆驼，并证明它是在崎岖地形上运输商品的关键。

在动物被用作驮畜之前，船是最高效的运输工具。世界各地都出土过青铜时代之前的独木舟，但第一艘帆船可能出现在约公元前 5500 年的美索不达米亚和埃及。河流将它们的地貌一分为二，船为运送大量谷物和其他生活必需品提供了便捷的方式。随着青铜时代的发展，锡变得至关重要。船只不得不延长航程去寻找锡。渐渐地，更坚固的木船取代了芦苇船，以抵御波涛汹涌的大海。

埃及的芦苇提供了固定船帆和捆绑船板所需的绳索。法老胡夫的葬船需要长达一英里（一英里 =1.609 公里）的绳子才能捆绑完毕。埃及有图像显示工人曾使用专业工具制作绳索。在青铜时代的中国，麻纤维则是首选材料。制绳技术伴随着它捆扎的货物不断向东西方传播。

知识贸易

在青铜时代，并非只有实物跨越了陆地和海洋，那些看不见的、无须征税的思想也随着国与国之间的贸易传播开来。法老图特摩斯三世在装饰新宫殿时，始终没有采用古典的埃及风格。宫殿的墙上有一幅壁画，画的是衣着红蓝相间的年轻人跃过公牛。此前，这种图像只在克里特岛的米诺斯遗址发现过。然而此刻，它却出现在 500 多英里外的埃及。

创作埃及壁画的艺术家到底是米诺斯人，还是曾在米诺斯接受过训练，抑或只是受到所看到的艺术的影响？我们或许永远没有答案。但可以肯定的是，艺术、文化和宗教会像锡或铜一样沿着贸易路线不断传播。

◁ 在青铜时代，为方便交易，中国的贝壳或贝壳的青铜仿制品都可作为货币使用

▷ 这尊雕像于公元前2200年由黄金和进口的青金石制成。青金石可能是从阿富汗运到美索不达米亚的

库尔特佩楔文泥板

THE CUNEIFORM TABLETS OF KÜLTEPE

从贸易记录到家书，这些古老的泥板上承载了世界上最古老的文字，揭开了古代文明的面纱

◁ 阿舒尔·穆塔比勒写给妻子的信，充分利用了泥板上的所有空间，甚至包括边缘

在土耳其的烈日下，开塞利的东北方，坐落着库尔特佩古遗址。在这里，一片巨大的高地立于亚述城镇之上。公元前2000年，这里是青铜时代中期近东重要的贸易殖民地。它因城墙内藏有大量楔形文字而闻名，是迄今为止最早发现赫梯语的地方，也是世界上最早发现印欧语证据的地方。约公元前1836年，一场大火吞噬了整座城市，但好在泥板幸存下来，为后世留下了古代家庭日常生活的快照。人们在遗址中挖掘出23000多块石碑。

这些泥板记录了许多商人间的日常交易和纠纷。他们背井离乡，在贸易发达的地区做生意。泥板中也记录了普遍的金属贸易及日常交易。其中有几块泥板与众不同，它们是家庭信件，展现出背井离乡的商人们复杂的日常，从中可深入了解其个人生活。

纽约大都会艺术博物馆就陈列着一块与众不同的泥板。它是商人阿舒尔·穆塔比勒的一封长信。信由两部分组成，装在一个黏土信封里。这封信是写给他的妻子及其他家人的，主要为解决一场关于女奴的纠纷。

“这些家书
透露出日常生活的复杂性”

令人惊讶的是，泥板还记录了夫妻的亲密生活。阿舒尔·穆塔比勒显然是一个亚述人，但他妻子的名字库纳尼亚是一个安纳托利亚名字。这表明他像其他商人一样，娶了一个当地女人。随着个人名字的出现，人们可以通过泥板上记录的日常生活来追寻他们的故事。不幸的是，人们在其他泥板上发现阿舒尔·穆塔比勒很快就去世了，库纳尼亚只得在家人和姻亲习俗的要求下独自过活。

2015年，库尔特佩楔文泥板被列入世界记忆名录，它将因揭秘历史而永载史册。这表明人们已经认识到它的普遍意义。

△ 阿舒尔·穆塔比勒的信封用他的印章装饰，以显示出对太阳神的崇拜，在黏土上滚动两次就可以盖章密封了

维克塞角盔

THE HORNED VIKSØ HELMETS

这些手工艺品是北欧青铜时代最有价值的发现，也是丹麦最重要的文物

约公元前1000年，青铜时代的维克塞角盔一直隐藏在丹麦西兰岛维克塞附近的泥炭沼泽中。大约3000年后的1942年9月，当一支挖掘队到此采集燃料时，有队员听到工具狠狠砸到地下物品的撞击声。

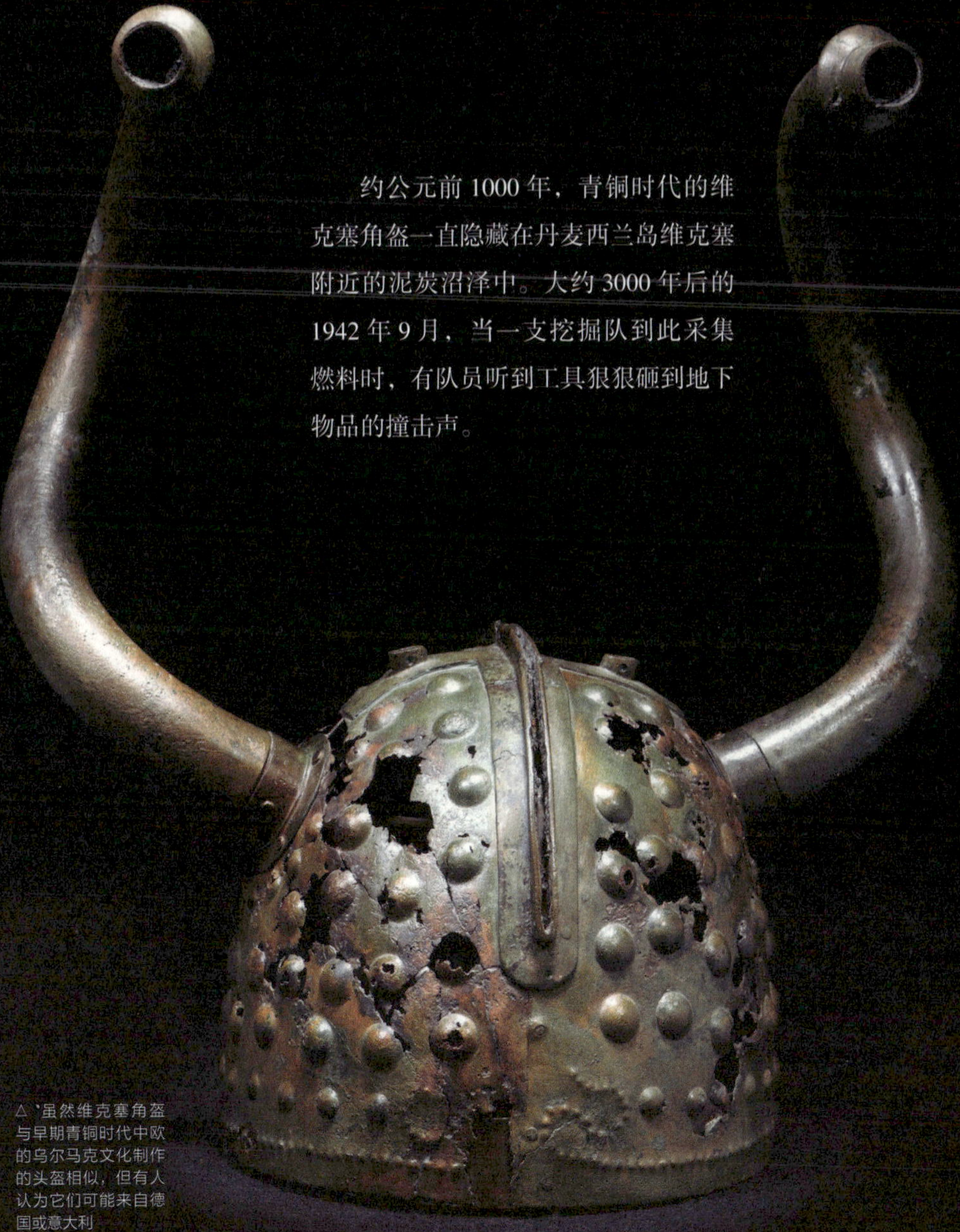

△虽然维克塞角盔与早期青铜时代中欧的乌尔马克文化制作的头盔相似，但有人认为它们可能来自德国或意大利

“头盔顶部有凸脊形部件，部件中间有凹槽，或曾装有羽饰或毛饰”

他们对撞击声不以为然，认为不过是挖掘时毁坏的陶罐碎片和青铜碎片而已，殊不知这却是丹麦的国宝。随后，考古学家于同年底来到此地，继续从黑土中挖掘出了更多的青铜碎片。随着把碎片一点点地拼接起来，他们眼前出现了令人震惊的一幕：这些碎片构成了两顶前所未见的青铜头盔。

头盔由两片青铜锤打、铆接而成，顶部有凸脊形部件，部件中间有凹槽，或曾装有羽饰或毛饰，下方有钩状的喙。此外，每顶头盔上都有两只眼睛，其上有眉。这些特征的意义至今仍是个谜，不过它们看起来的确像鸟。有趣的是，瑞典哈兰的格拉斯巴克有一座戴着鸟面具的青铜雕像，而瑞典斯堪尼亚的福格达普出土的一个马颈轭上，有两个戴着角盔的男性雕像。头盔最突出的特征无疑是两侧突出的大角，很像野牛。其中一顶头盔最初发现时还被置于一盘灰烬之上，但其意义仍是个谜。

人们认为，这两顶头盔具有仪式性功能，应该是在宗教仪式而非战斗中佩戴的，因为它们太薄，不可用于作战。后来在沼泽中的其他发现支持了这一观点。欧洲各地的沼泽及其他有水的地方出土了大量青铜时代的祭品。有人认为，这些祭品可能是人们在气候剧变时向神灵献祭，以祈求风调雨顺，或者是为平息神灵的愤怒。这些发现早于英国、爱尔兰、德国、荷兰和丹麦发现的铁器时代的沼地遗尸，隐含着它们之间一定的连续性。当然，也有人认为，这些祭品可能是用于安抚神灵。或许我们永远无法知晓其中的奥秘，即便世界各地都出土过大量类似的祭品。

◁ 在出土头盔的地方立着一块石碑，以提醒游客有史诗般的发现诞生于此

△ 人们认为这两顶头盔只有仪式性而没有实用性功能，不可应用于战争。青铜时代的欧洲人经常在沼泽里留下宗教祭品

古代武器与战争

ANCIENT WEAPONS AND WARFARE

人类的历史就是一部战争史，
古代世界的武器发展史也与人类文明发展史相伴始终

人类总是在制造伤害他人的工具方面富有创造力。通过研究人类使用的武器，可以很容易地构建起人类的历史。最早的武器由木头和石头制成，但因年代久远而不为现代人所知。不过，我们可以通过文明和文字追溯其发展历程。

近距离

所有早期武器的有效性都取决于使用者的力量。随着文明的出现，人们发明出更加有效地利用力量的武器。在近距离战斗中，刀是首选。随着冶金技术的发展，匕首、剑和箭镞也达到了更高的水平。

金属武器方面的首个重大进步是青铜的出现。铜锡合金可以制造出锋利的武器及尖锐的矛、箭。青铜技术在古代世界的传播并不均衡，但无论传播到哪里，都会改变战争的性质。人们对青铜的需求，使古代世界的青铜贸易竞争更加激烈。直到高效炼铁出现后，青铜时代才落下帷幕。

后来，人们发现在铁中加入碳可以制造出钢，这是军事技术真正的转折点。青铜与钢对抗毫无胜算，这或许就是青铜最终被取代的原因。钢制武器的制作十分复杂，如罗马短剑就是由两种不同碳含量的钢反复锤打而成。

除了刀剑，士兵们还可用其他近距离武器杀敌。矛和斧提供了不同的方式。长矛甚至可以在敌人近身前就将其刺穿。马其顿六米长的萨里沙长矛对步兵和骑兵而言都是难以克服的障碍。如果敌人身穿铠甲，那么剑就无法将其刺穿。不过，再好的铠甲也敌不过一把制作精良的重斧。

远处的危险

远距离投射武器为士兵提供了保护。如果能在距离敌人一剑远之前击倒他，你就更有可能活下来。弓和箭在史前时期就已为人所知，随后不断的创新使其威力大增，使用方式也更加多样。复合弓是由角（牛角）、干（木材或竹材）和筋（动物筋）等材料多层叠合而成。这种组合使武器更加强大结实。弩的起源虽有争议，但至少在中国战国时期（公元前5世纪—前3世纪）已普遍使用。当时中国军队已携带大量专业的弩。

标枪等抛射武器虽不及弓箭便携，但能带来更加致命的打击。作为冲锋步兵的标配，一名士兵可以携带多把轻型标枪，投向对手。而弹弓等其他武器则需要更加专业的训练。

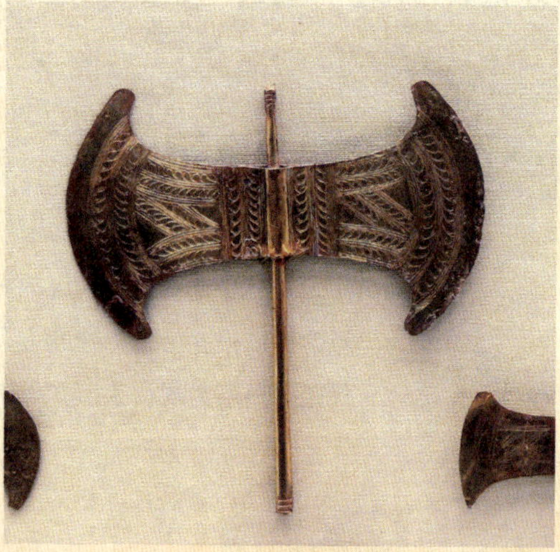

△ 双头斧，或称双刃斧，是克里特文明的象征

◁ 古代中东城市波斯波利斯的浅浮雕，描绘了手持长矛的卫兵形象

“标枪等抛射武器虽不及弓箭便携，但能带来更加致命的打击”

陨铁武器

青铜武器是武器技术的一大进步。冶金工人可以将青铜铸造成各种形状的剑、匕首和箭镞。青铜铠甲虽然非常沉重，但可以提供最好的保护。青铜的主要缺点是需要添加稀有的锡，且边缘不够锋利。随着冶铁技术的发展，至公元前1300年，近东已不再使用青铜武器。然而，考古学家发现，人类在开采铁之前，就已开始使用铁质工具和武器了。

从土耳其出土的公元前2500年的匕首，到乌加里特和中国发现的公元前1400年的斧头，人们发现了大量青铜时代的铁器。当时的人从哪儿获得铁原料呢？答案是来自太空，当然，不是从外星人手中。铁陨石能够抵抗地球大气层的灼烧，落地后仍然十分醒目，即使对未经训练的人来说也是如此。古人发现这些陨石十分特别，便会将其收集起来。

虽然熔化铁需要极高的温度，但加工却简单得多，用低温熔炉就可将其加工成想要的形状。铁，尤其是从天而降的陨铁，颇受人们珍视。

科学家可以分析出铁制品中其他元素的相对数量，以确定它是否来自外星。若含有大量的镍和钴元素，则表明铁来自陨石。图坦卡蒙的坟墓里有一把匕首，最新研究证实它就是由陨铁制成的。

△ 在图坦卡蒙墓中发现的匕首，刀刃是由陨铁制成的。陨石虽然稀少，但却是获得铁最简单的来源

一把古代弹弓射出的石子或铅弹，可能会造成像子弹一样大的伤害。更糟糕的是，人们还在弹弓及铅弹上刻上“接住！”等嘲弄对手的词语。

发射重型飞弹的方式在古代发展得较晚。希腊军队和战船曾使用弩车——一种将弩弦置于大扭矩下以推动射击的机器。据说一架弩车一人就可完成装载和发射。弩车结构简单，可以根据需要拆卸和重新组装，但它的威力又非常强大，既可以发射箭弹击退身穿铠甲的敌人，也可以发射圆弹用于攻城。希腊战船还可以将盛有易燃液的罐子或毒蛇抛射到敌人甲板上。随着罗马人的进一步改进，有些武器的射程甚至可以超过1000米。

机动部队

行军打仗并非易事，必须及时运送补给，否则将拖延战事进程。战争中最早使用动物是为了运送补给。马在战斗中扮演着运输和作战的双重角色。侦察骑兵可对敌人的逼近发出预警，从而为迎敌争取时间。不过，当时骑马既难掌握又有很强的不适感，直到古代晚期人们才发明出马鞍和马镫。首辆战车很可能是由运输车发展而来。战车为弓箭手提供了绝佳的位置。随着时间的推移，战车变得更快、更轻且更有威胁性。

马并非唯一参与战争的动物。在近东和中东地区，弓箭手会骑骆驼。而从公元前6世纪起，印度人就开始使用大象，这一方式后来传到西方。大象庞大的身躯可以战胜步兵和骑兵，弓箭手则可躲在其后射击。汉尼拔在攻击罗马人时就曾指挥大象翻越阿尔卑斯山，由此可见其价值所在。数千年来，英格兰人在罗马皇帝克劳狄入侵之时才首次看到大象。

保护自己

在战争中，盾牌是最好的朋友。在古代，不同时空的军队都曾创造并使用多种不同类型的盾牌。这些盾牌从简单、轻便到复杂、沉重。帕提亚帝国的士兵使用柳条盾牌。这种盾牌重量轻且可以埋在地下，形成一堵墙供弓箭手躲避。迈锡尼步兵的塔盾用包裹皮革的柳条制成。后来，希腊人喜欢用金属加固的圆形木盾，既保护自己，也保护两边的人。在防线崩溃时逃跑，不仅危及自己，还会危及整个团队。在一场失败的战斗中，重型盾牌会拖延撤退速度，这时士兵们往往会弃之而逃。

古代战术时间轴

关键时刻

复合弓

公元前 14 世纪以前

简单的弓仅由一条承受张力的木材构成。若将角、木材和筋等材料多层叠合在一起，便可得到强度更大的复合弓。增加强度可以使弓的弹性更大，并保持住将传递给箭的动能。所以，弓拉得越弯，箭射得越远。小弓更便于在战场携带，同时也方便战车或马匹上的士兵射击。总之，复合弓是战场上复杂而凶猛的武器。

战车
首辆由野驴拉的战车出现于美索不达米亚。战车虽缓慢而笨拙，但对步兵而言非常有用。经过数世纪的发展，战车成为战场上的致命机器。
约公元前 2500 年

战舰
早期战舰可将军队从一地送往另一地。从公元前 14 世纪开始，随着弓箭手出现在船只和甲板上，海战由此诞生。后来，战舰便发展成武器。
公元前 14 世纪

铁制武器
钢铁武器的出现标志着青铜时代的结束。它比青铜武器更加坚硬和锋利。钢铁武器和铠甲主导了数千年的战争。
约公元前 1200 年

围攻的艺术

“登上乌鲁克的城墙来回走走！察察那基石，验验那砌砖！砖难道不是烈火所炼？基石难道不是七位圣贤所奠？……”在这篇完成于约公元前 2100 年的《吉尔伽美什》史诗中，诗人赞美乌鲁克的城墙是吉尔伽美什最伟大的成就之一，表明保卫城镇的重要性。正可谓一夫当关，万夫莫开，几个世纪以来的经验表明，厚厚的城墙比任何军队都可靠。

围攻起初只是简单的演习。人们将抓来的敌方俘虏关到城内，并使其因饥饿而外逃。围攻十分耗时，且需投入大量资源。“围攻”一词源于拉丁语“sedere”，意思是坐下。最早的围攻记录来自埃及坟墓和亚述宫殿，那里记载了围攻军队如何加速了城市的投降。最简单的围攻方式便是使军队翻过城墙。对此，埃及人使用支撑在墙上的摇梯，但这容易使攀爬的士兵突然受到来自上面的攻击。亚述人则发明了用来撞击城墙的复杂的攻城锤。如果这些手段全部失败，士兵还可在墙下挖通隧道。尽管有这些发明，但对军队来说，坚固的城墙直到现代之前仍是最好的防御。

△　良好的防御技术可为守方带来巨大优势。公元前 8 世纪亚述发动围攻战时，使用了攻城锤、梯子和隧道

关键时刻

三列桨战船

公元前 8 世纪

三列桨战船是由三排桨驱动的船只，操纵便捷，船头还带有能击沉其他船只的撞锤。历史学家曾怀疑古代作家对三列桨战船速度的描述言过其实，但这在战船重建后已得到证实。古希腊某些城邦用三列桨战船统治海洋，这使希腊在地中海周围的殖民扩张成为可能。后来，船身和船桨变得更重，但船身依旧是流线型设计，为罗马帝国的扩张奠定了强有力的基础。

攻城锤

攻城锤通常由一根巨大的木桩固定在可移动的四轮车上，木桩撞上城墙后，会利用惯性反复冲击墙壁或大门，达到攻城的目的。攻城锤侧面覆盖着湿润的兽皮，防止木桩着火。

公元前 9 世纪

"沙子穿透铠甲进入衬衫，灼伤身体，这是无法控制的……人们最终在极度的痛苦中死去"

斯巴达人常被告知："带着盾牌回来，或者带着它死去。"虽然盾牌是必要的工具，但并非最好的防御武器。要想在战争中活命，最好的办法就是不上战场。考古发现，古代许多城镇筑起坚固的城墙，以便把敌人拒之门外。躲在城墙后面非常安全，士兵可以轻松地朝城墙下的敌人射箭。即使面对亚历山大的攻击，士兵也可以很轻松地将敌人的攻城梯推倒，获得更大的主动性。

在提尔，守军将沙子加热，倾倒到攻城者身上。正如一世纪希腊历史学家迪奥多·西库卢斯记录的那样："沙子穿透铠甲进入衬衫，灼伤身体，这是无法控制的……人们最终在极度的痛苦中死去。"

盾牌、铠甲和城墙并非赢得战斗的唯一方式。欺骗和恐惧可能是所有武器中最有力的方式。在培琉喜阿姆战役中，波斯人在盾牌上绘制了埃及神像，并将埃及女神巴斯泰托的圣物——猫——置于队列当中。埃及士兵最终因害怕冒犯神灵而落败。

为了迷惑对手，汉尼拔曾在晚上同时放出上千只牛，牛角上绑着燃烧着的火把。远远看去，宛如一支移动的军队。这一景象让罗马军队陷入恐慌。当牛群袭击罗马防线时，罗马士兵落荒而逃。这表明古代战士虽然缺乏现代技术，但十分狡猾。

△ 武器的改进也推动了铠甲的发展。比如此处的马其顿军队携带的胸甲、盾牌和头盔

弩（中国）
弩无须同时拉弓、瞄准，因而提供了更好的动力和准度，但缺点是拉弓较慢。
公元前 7 世纪

战象
面对大象的猛攻，步兵和骑兵都抵挡不住。然而，一旦大象受惊，对己方同样具有破坏性。
公元前 6 世纪

弩车
扭矩下的弩弦为发射飞弹提供了巨大的动能。在围攻中，它们可以越过高墙射击，甚至可以用来攻击城墙，若发射油罐还会使整座小城陷入火海。
约公元前 400 年

△ 古代创造的射箭、步兵和骑兵技术，直到现代仍是战争中的主导

关键时刻

萨里沙长矛

约公元前 358 年

马其顿国王腓力二世继位时，国家混乱，军队松散。于是，他引入萨里沙长矛（一种由坚韧木头制成的长达 6 米的长矛）武装军队。配备长矛后，马其顿方阵能够制造出一堵布满矛尖的高墙攻击敌人。通过这种新策略，菲利普在一系列决定性的战役中获胜，最终统一希腊。他的儿子亚历山大大帝也利用这种战术缔造了一个庞大的帝国。

罗马短剑
罗马短剑多用于刺伤而非砍伤，促使罗马训练出紧密团结的罗马军团，并借此统一了庞大的帝国。
公元前 3 世纪

马鞍和马镫
最早的马鞍是盖在马背上的毯子。随着实心鞍座的发展，中国发明出马镫。马镫不仅给骑手更大的安全感，还为中世纪骑兵的出现奠定了基础。
公元 3 世纪

威尔士黄金：伯顿宝藏

WELSH GOLD: THE BURTON HOARD

许多精美的黄金制品诞生于青铜时代的威尔士。宝藏中包含着许多精美绝伦的首饰，是一项重大发现

2004年，在威尔士东北部雷克瑟姆的伯顿，两名金属探测爱好者在新开垦的土地上行走时，使用金属探测器发现了一批文物。据说这些文物可以追溯到约公元前1300年—前1150年的青铜时代中期，堪称英国举世无双的珍宝。

伯顿宝藏由青铜工具和黄金首饰组成。大部分物品藏于一个陶罐中，旁边只埋着一把凿子和两把斧头。人们仍在争论：这些物品到底是属于富有的家族或个人，还是众多交易品的一部分。有人认为，精心埋葬的物品表明，它可能是用于祭祀仪式或是献给亡故亲人的祭品，必须与遗体分开埋葬。两个青铜斧头均有大面积磨损，可能被使用过。这与许多已出土的仪式祭品不同，或许是出于保管的目的才被埋藏起来的。

宝藏中的许多物品都由黄金制成：一个折叠的项圈、三个指环，还有四颗金箔珠子。将黄金扭成华丽的螺旋状，可制成精美的手镯及双锥珠项链的吊坠。此前，人们并不知道这项技术存在于法国西北部以外的地区。由此可见当时威尔士与欧洲大陆存在联系。欧洲大陆制作的项圈普遍采用这种技术，且通常佩戴在脖颈或上臂。人们认为，项链上的珠子是空心的，可能是串珠项链的一部分，也可能是项链的核心。

青铜时代的伯顿宝藏虽不是当时当地最著名的，但却是威尔士在金属加工方面扮演重要角色的众多证据之一。在距伯顿宝藏几英里外的罗赛特宝藏，人们发现了爱尔兰黄金手镯的一部分、一把斧头和匕首；在雷克瑟姆的阿克顿宝藏，人们发现了另一把青铜斧，也显示出高超的技艺；此外还发现了许多精美的金属制品。基于这些发现，人们认为在青铜时代这一地区是与东安格利亚和肯特并存的金属加工中心，也是爱尔兰通往英伦的交通和贸易要道。此外，威尔士青铜时代的其他黄金制品也享有很高的国际声誉，包括现存最好的金角铸模等。

▷ 伯顿宝藏附近的农耕活动使专家们感到不安，但他们在进一步实地调查中并未发现其他物品

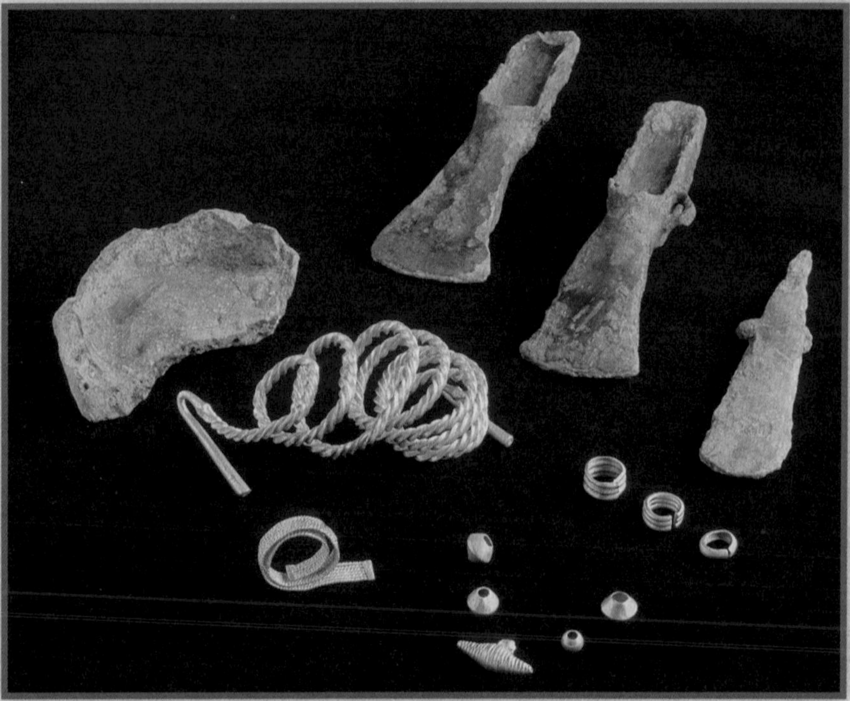

▷ 这款金手镯由六根弯曲的金属线编制而成，中间可能使用了焊接。人们认为紧紧缠绕是为便于放进罐子

“人们仍在争论：
这些物品到底是属于富有的家族或个人，
还是众多交易品的一部分”

▽ 1833 年，在距伯顿宝藏四英里外处出土了金角铸模，这是青铜时代另一件令人惊叹的威尔士黄金制品

阿伽门农的面具

THE MASK OF AGAMEMNON

一个多世纪以来，这副光彩夺目的死亡面具一直笼罩在神秘之中，令专家们困惑不已。面具起源背后的真相到底是什么？

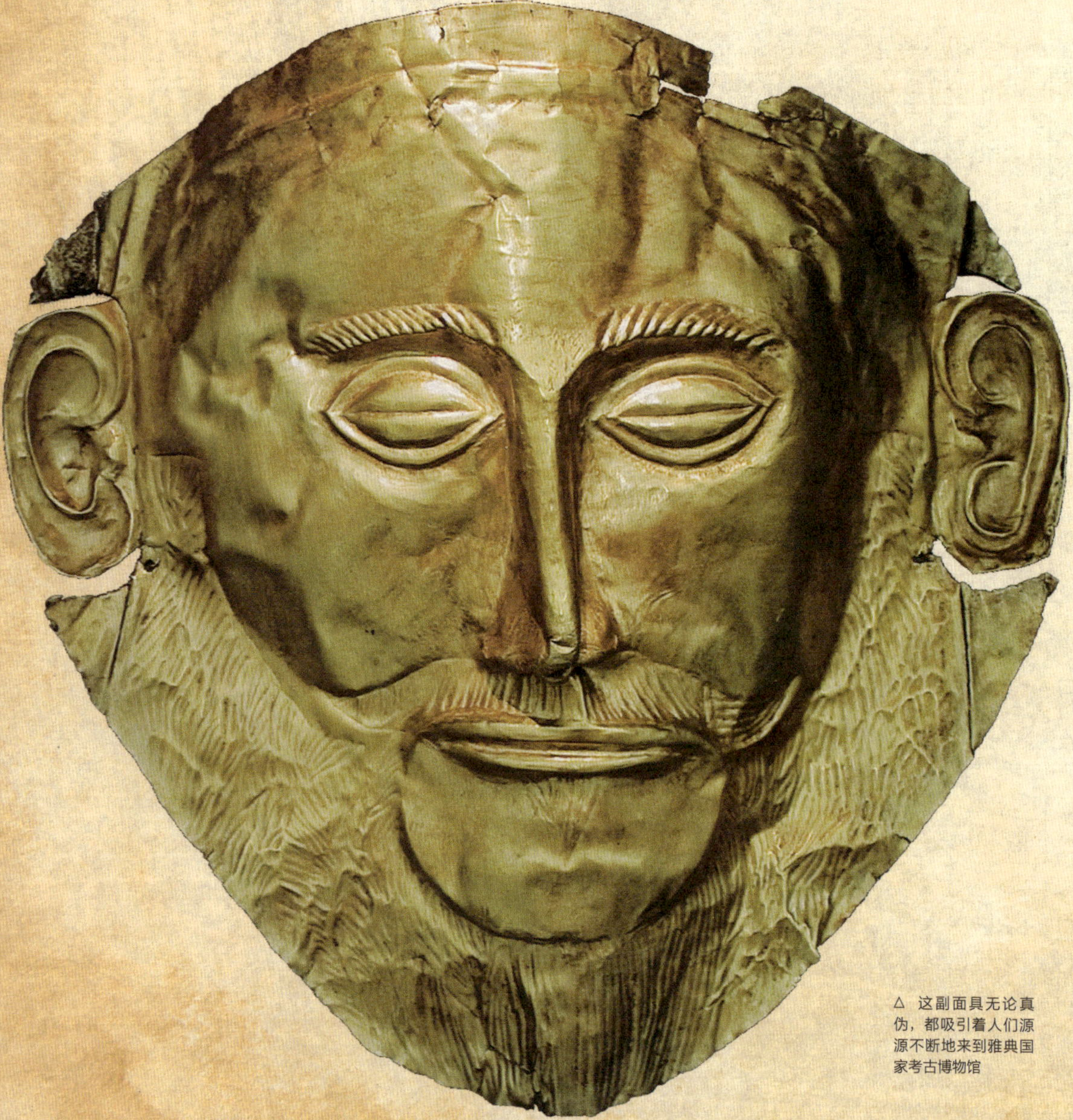

△ 这副面具无论真伪，都吸引着人们源源不断地来到雅典国家考古博物馆

△ 1700 年，根据帕夫萨尼亚斯对狮子之门的描述，弗朗西斯科 · 格里马尼在雅典西南 120 千米处找到了迈锡尼

迈锡尼文明是青铜时代晚期的文明，在公元前 1600 年—前 1100 年繁荣一时，是希腊历史上第一个先进文化。通过阅读《特洛伊史诗集成》中的经典作品，后世的人们对这一时期的生活有了深入了解。

鉴于这段辉煌的历史，我们不难理解考古学家海因里希 · 施里曼为何会探索特洛伊城的秘密。对整个特洛伊地区进行挖掘后，他又从 1876 年开始挖掘迈锡尼。很快，他发现了一个神奇的物品：一副金质的死亡面具。面具是在一个竖井墓中的第五号墓穴发现的，也是五座墓穴中的唯一一副人脸面具。它由一块金片锤打而成，发现时正戴于一具尸体的面部，周围伴有高级陪葬品，施里曼据此推测，墓主就是迈锡尼国王阿伽门农。荷马在《伊利亚特》中曾详细描述过他的功绩。

这副面具是将加热的黄金罩在木质框架上锤打而成。面具侧面有孔，用于穿绳佩戴。它

“有人提出这件艺术品可能是施里曼委托工匠伪造的”

也是已出土的所有面具中最具装饰性的一副，胡须和眉毛在面具成型后由锋利的工具精细地凿入表面。

然而，面具的真实起源仍有争议，专家们甚至从 70 多年前起就开始质疑它的真实性。有人提出这件艺术品可能是施里曼委托工匠伪造的，因为在阿伽门农面具出现的前几天已发现了三副面具，不过中间有段时间，挖掘者们因大雨而离开了现场。

许多人认为，施里曼此时有足够的时间找人伪造并放置面具，而这副面具确实在设计和技术上与其他面具不同。尽管施里曼对希腊国王乔治所说的“我一直凝视着阿伽门农的脸”犹在耳旁，但他的梦想仍未实现。现在，专家已将面具的年代界定在特洛伊战争爆发前的 300 至 400 年，因为这一时期确实存在类似的技术。

△ 施里曼于 1890 年的节礼日去世。他被安葬在雅典第一公墓，墓碑上的文字描述了他在迈锡尼和其他地方挖掘的事迹

狮鹫勇士墓

GRAVE OF THE GRIFFIN WARRIOR

在 3500 年前希腊一位勇士的墓中发现的宝藏，
至今仍令考古学家震惊不已

考古挖掘发现了一座约公元前 1500 年的完整的迈锡尼勇士墓，墓中摆满了各种不同寻常的珍宝，包括银杯、剑、金戒指、宝石，甚至还有一面铜镜。不仅如此，专家还认为这些发现历史意义巨大，可以加深和丰富我们对古代世界的整体理解。希腊文化部将其誉为“65 年来希腊大陆发现的最重要的古墓”。这座墓坐落在著名的皮洛斯国王内斯特宫殿附近的田野里，靠近现在麦西尼亚州的霍拉镇。然而，这座墓却比宫殿早了数

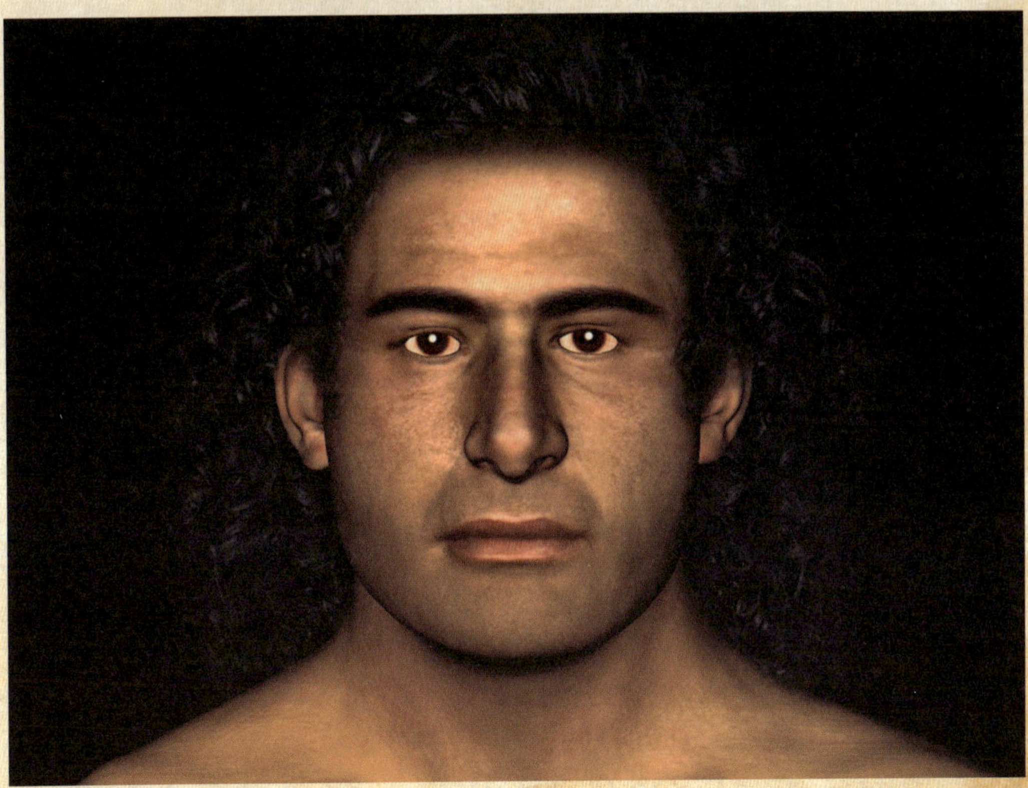

△ 威特沃特斯兰德大学对狮鹫勇士进行了面部重构

◁ 自首次发现文物以来，遗址的挖掘工作从未停止，令人着迷的文物仍陆续出土

百年。

约公元前 2600 年，欧洲克里特岛的米诺斯人创造出最先进的文明，并以神话中的国王米诺斯的名字命名。这一文明创造出“线形文字 A”——一种早期书写字母。米诺斯人是艺术家、金属加工者和陶瓷制造者，并在地中海和爱琴海等地区广泛进行着贸易。他们还被描绘成温和的商人和农学家，崇敬女性神灵。城市里有石子路、排水系统和宏伟的宫殿。目前已知最大的米诺斯遗址是克里特岛的克诺索斯宫殿。然而，约公元前 1450 年，米诺斯文明让位于大陆的迈锡尼文明，许多学者认为这可能发生在迈锡尼人入侵、征服并烧毁宫殿之后。

“迈锡尼”这个名字来源于伯罗奔尼撒的迈锡尼宫殿。19 世纪 70 年代，德国考古学家海因里希·施里曼挖掘出迈锡尼宫殿，他也是发现特洛伊的先驱。施里曼挖掘出大量手工艺品，包括武器、陶器和金银财宝，并认定阿伽门农是迈锡尼的国王，即特洛伊战争中希腊军队的领袖。

这些发现展现了迈锡尼的繁荣景象。荷

“希腊大陆发现的最重要的古墓”

关键发现

与大多数迈锡尼墓不同，
这里没有陶器，只有闪闪发光的宝石、雕刻的石头和武器。

戒指

陪葬品中的四枚金戒指刻有典型的米诺斯图案。第一幅刻画的是一头跳跃的公牛；第二幅是一位女性向坐在宝座上拿着镜子的女神献祭牛角；第三幅是五个穿着考究的女人在海边的神庙里；第四幅是一个女人手持手杖，左右各有两只鸟。这些克里特风格的艺术作品为文化交流提供了极好的证据。

印章石

考古学家在勇士骨骼周围发现了 50 多块印章石（一种护身符）。这些印章石上有米诺斯风格的雕刻，描绘了女神、狮子、公牛、芦苇和祭坛等各式物品。人们认为，它们最初应该产于克里特岛。在这个古墓中，仅石头的数量就已非同寻常，说明狮鹫勇士有很高的社会地位。

剑和匕首

古墓里有许多不同的武器，包括一把令人震惊的 91 厘米长的剑，剑柄由象牙和黄金制成。它被置于古墓左侧，墓主的胸口旁。下面还有一把带柄的匕首，用黄金精心装饰。这些物品在古墓中的位置一定具有某种象征意义，也反映出墓主作为一名勇士的技能或政治及社会权力。

铜镜

像铜镜这样传统的女性用品出现在男性古墓中是非常罕见的——至少是迄今为止唯一一例。铜镜有一把象牙手柄，被置于勇士的腿上——这个位置可能暗示着铜镜有某种特殊意义。这把铜镜可能与第二枚金戒指上女神拿着的镜子有某种联系。

马曾称迈锡尼为“黄金之乡”。施里曼还发现了许多竖井墓——早期迈锡尼文明典型的深矩形墓，后来被其特有的蜂房墓所取代。如前所述，施里曼是个富有争议的人物。

迈锡尼人在希腊大陆的梯林斯、底比斯、雅典以及皮洛斯建立据点。在文化传统上，迈锡尼人由男性主导且比米诺斯人（一位学者曾称之为区别于克里特人的“野蛮人”）更加好战且缺乏艺术性，但迈锡尼文明已从伯罗奔尼撒传播到东地中海地区。

迈锡尼人贸易范围很广，商品涵盖石油、葡萄酒及陶瓷等。他们也是熟练的工程师，可以建造桥梁、防御工事及排水和灌溉系统。迈锡尼文明的繁荣持续到约公元前 1100 年，随后迅速衰落。大多数学者认为，这可能是由于迈锡尼遭受入侵的缘故。然而，迈锡尼

▽ 在古墓中发现的一条项链，带有两个金吊坠和其他装饰

文明奠定了古典希腊的根基，被荷马在《伊利亚特》和《奥德赛》中奉为不朽的文明。

尽管迈锡尼人看起来与米诺斯人非常不同，但他们之间存在一定程度的文化交流，程度尚不清楚。这是学者们长期争论的一个问题。雅典圣凯瑟琳英国学校主任、谢菲尔德大学爱琴海考古学教授约翰·贝内特曾指出，“一个世纪以来，人们已经知道大陆从克里特岛进口了各种物品”。

1939 年，辛辛那提大学的卡尔·布利根发现了古代皮洛斯国王内斯特的宫殿。这是米诺斯影响迈锡尼文明的确凿证据。他发现刻有“线形文字 B”的泥板与在克诺索斯发现的泥板相似，显示出两者间密切的文化联系。

在“线形文字 B”中，每个符号代表一个音节。它们是希腊字母的基础，希腊字母的一个符号也代表一个元音或辅音。现在，狮鹫勇士墓的发现为我们认识古代世界带来

内斯特宫殿

内斯特宫殿是希腊保存最完好的迈锡尼式宫殿，修复后现已重新开放。

约公元前1300年，古代皮洛斯的内斯特国王在伯罗奔尼撒建造了这座令人印象深刻的建筑群。荷马在《伊利亚特》和《奥德赛》中对这位国王有过描述，称其曾参与过特洛伊战争。

内斯特宫殿坐落在山顶，从这里可以鸟瞰纳瓦里诺湾壮丽的景色。同时，当年这里也是行政、政治和金融中心。除了主宫殿之外，还有国王的住所（一个更小、更古老的宫殿）和一个大作坊或护卫室。国王的住所有两层楼高，仅一层就有105个房间。

1939年，辛辛那提大学的卡尔·布利根首次挖掘出该遗址，并发现了大量用迈锡尼“线形文字B”书写的泥板。迈锡尼“线形文字B”是克里特岛米诺斯“线形文字A”的变体，由此证明了两种文化之间存在明显的联系。战后考古挖掘得以重启，从1952年一直持续到20世纪60年代。他们挖掘出了一个巨大的带有王座的房间，里面有一个圆形壁炉，墙壁上装饰着色彩明亮的几何地板和精美的壁画。储藏室里装满了数百个酒杯。最特别的也许是浴室，里面有一个很深的浴缸，非常适合奢华的皇家。据说内斯特的女儿曾在这里给奥德修斯的儿子泰勒马克斯洗澡。这座建筑自公元前1200年被烧毁后，再也没有重建过。

不过，这座宫殿经过三年修复，耗资250万欧元，现已重新向游客开放。

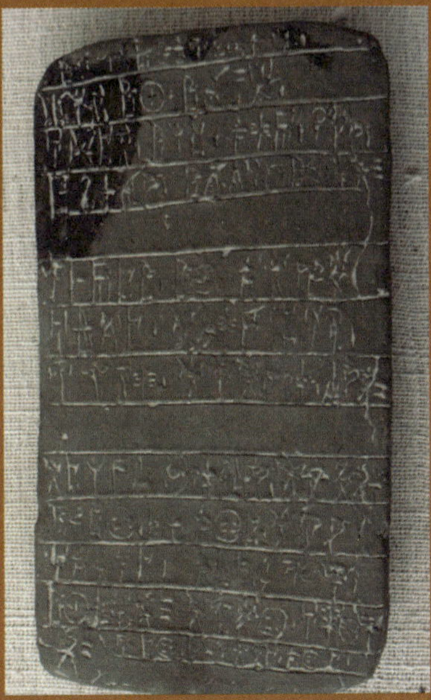

△ 内斯特宫殿内发现的迈锡尼“线形文字B”之一

了新的启示。

2015年5月，辛辛那提大学的希腊考古学教授杰克·L.戴维斯夫妇和同事莎伦·斯托克发现了这座古墓，之后他们代表辛辛那提大学对内斯特宫殿进行发掘。

他们组建了一支国际专家小组，最初的目的是在宫殿附近的土地上寻找定居或住宅的证据。

他们开始在一些裸露出石头的地方挖掘，但很快就意识到这并非房屋，而是一座古墓。随着工作的推进，没过多久，戴维斯和斯托克就收到了一条短信：“快来，发现青铜了！”

青铜手工艺品的发现只是一个开端。这座竖井墓约1.5米深，1.2米宽，2.4米长，里面有一具保存完好的30多岁男子的骨骼。这位勇士仰面躺在一口早已腐烂的木棺之中，但古墓却完好无损。考古学家很快发现古墓里还有一些令人眼花缭乱的陪葬品。勇士骨骼的周围包围着一系列非同寻常的手工艺品：左边和脚下有武器，右边有首饰，最初放在尸体上方的水罐及其他物品已移到胸口位置。

专家将墓葬年代确定在约公元前1500年，也就是建造内斯特宫殿的几百年前，即迈锡尼文明早期。在出土的武器中，有一把巨大的配有黄金和象牙剑柄的青铜剑，还有一把金色的匕首。

陪葬品中的杯子和水罐都由金、银和青铜制成，而非常见的陶器。此外，陪葬品中还有一枚精细蚀刻的印章石（一种护身符）及一些首饰，包括一条金链、吊坠和4个金印戒指。

墓主的身边有成千上万颗由紫水晶、琥珀、玛瑙、碧玉和黄金等制成的珠子，许多珠子

△ 在狮鹫勇士墓里发现一把精致的象牙梳

△ 出土的狮鹫勇士头骨

上有洞，表明它们曾是项链的一部分。也许是为了确保这位勇士在通往下一个世界的旅途中有最好的形象，古墓里还有一面象牙柄铜镜和六把象牙梳子。

最后发现的是一具装饰着狮鹫形象的象牙匾，被置于勇士两腿之间，这就是其名字“狮鹫勇士”的来源。狮鹫是神话中的野兽，有狮子的身体和鹰的头，是力量的象征。大多数迈锡尼墓穴葬有不止一具尸体。因此，贝内特教授指出：“发现一座单一且未遭破坏的古墓是非常难得的。”他还补充道：“我们也对其中陪葬品的数量惊讶不已。”这一发现的特别意义在于，尽管它们被埋藏在大陆，但其中绝大多数物品却来自克里特岛——或至少是以克里特岛风格制造的。因此，它们为广泛的文化交流和米诺斯对迈锡尼早期社会强大的影响提供了证据。

狮鹫勇士来自克里特岛吗？这些陪葬品是他从岛上掠夺而来，还是在当地定制的米诺斯风格的物品呢？抑或是由向大陆市场提供米诺斯商品的商人所进口的呢？目前，没有人能予以确定。虽然剑等武器的出现表明他是一名勇士，但大量的首饰又使人困惑，因为人们普遍认为这些饰品只适用于陪葬富有的女性。不过还有一种解释，首饰可能是用于献祭神灵的。

此外，陪葬品中还有许多印章石和用作护身符的小宝石。这表明他可能是一位宗教领袖，也可能是他本人或埋葬他的人有很虔诚的宗教信仰。不过，他确实很富有，且地位显赫。

这些陪葬品展示了令人着迷的米诺斯人的形象及艺术。贝内特教授说：“这四枚戒指带有独特的米诺斯人肖像，如果不是在完

数字重建

这座古墓的数字重建展示出令人印象深刻的发现，包括勇士本人的骨骼。

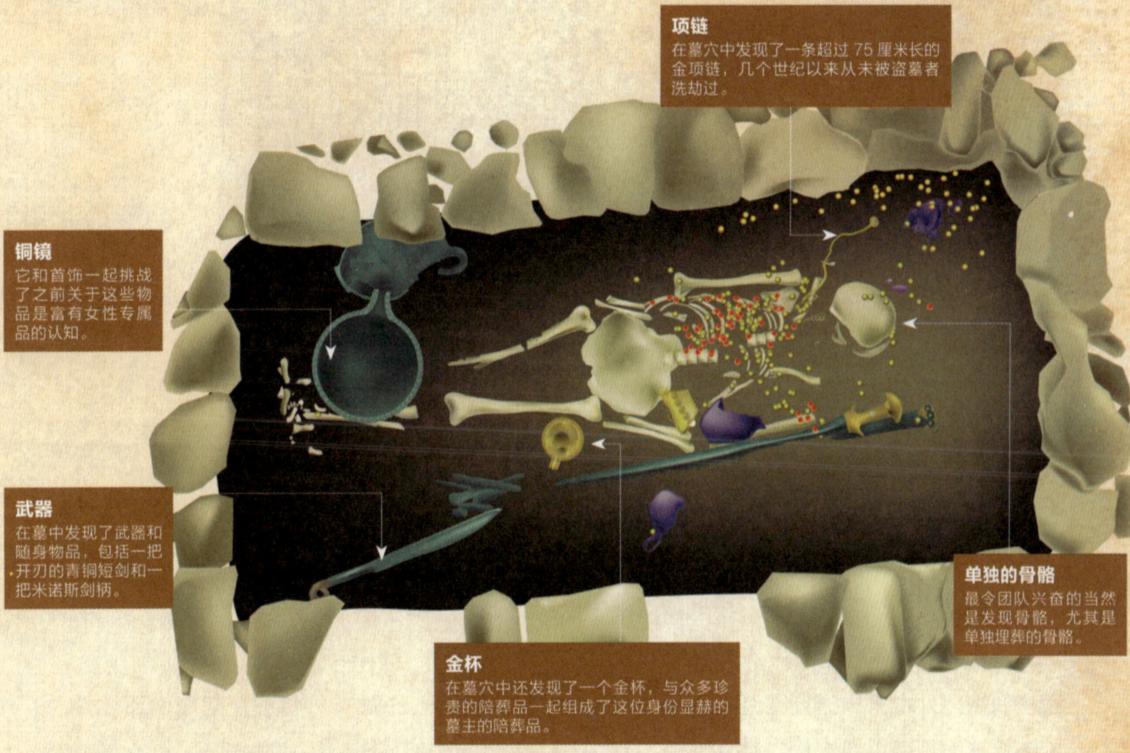

◁ 该团队进一步探索遗址，寻找新的宝藏

◁ 截至2015年5月底挖掘工作所取得的进展

好无损的墓葬中发现的话，我们很可能会怀疑它们的真实性。”例如，一枚戒指展示了一头跳跃的公牛——这是一个与米诺斯文化相关的主题，也是米诺斯传说的起源；另一枚印章石上刻画着典型的米诺斯场景，装饰着女神、狮子、公牛和最受欢迎的米诺斯运动——跳过公牛。

尽管对这位墓主知之甚少，但今天我们可以对这位3500岁“老人”的外貌有所了解。威特沃特斯兰德大学的专家已对他进行了面部重建，这位勇士黝黑英俊，五官端正，强劲有力。专家随后还将对他的骨骼进行脱氧核糖核酸（DNA）分析。他的牙齿状况良好，因此可能会发现相关遗传信息，也能了解其饮食习惯，进而帮助确定死因。如果发现植物材料，可以用放射性碳定年法来确定墓葬年代。古墓现已封闭，艺术品已由专家运走以便进行仔细的科学分析。

然而，正如贝内特教授解释的那样，古墓的意义不只取决于其陪葬品，也取决于古墓本身的性质。

传统上，早期迈锡尼人将死者埋葬在竖井墓中，但是竖井墓后来被蜂房墓取代。

然而，狮鹫勇士被葬在一座竖井墓中，这里距卡尔·布利根在20世纪50年代挖掘的蜂房墓不远，且蜂房墓早于前者。这一发现或许会引起学界对这一时期希腊历史的已有认识提出质疑，也可能激起公众对这位皮肤黝黑的陌生墓主身份的兴趣。虽然他生前手握大权，但死后却无法带走任何财富。

“如果不是在完好无损的墓葬中发现的话，我们很可能会怀疑它们的真实性”

内布拉星象盘

THE NEBRA SKY DISK

很多人认为这件青铜时代的圆盘是人类描绘宇宙的最古老的表现形式。
它到底是古老的日历，还是艺术品呢？

△ 随着时间的推移，青铜表面覆盖了一层绿色的铜锈。圆盘的直径刚刚超过 30 厘米，重约 2 千克

内布拉星象盘的发现充满争议。它惊为天工的艺术风格与德国青铜时代的其他物品都不相同，起初被贴上赝品的标签。现在，人们认为这块青铜圆盘是整个20世纪最重要的考古发现之一。

内布拉星象盘是迄今现存最早的人类对夜空的描绘。许多人试图破译它的符号。有人认为镶嵌的黄金图案代表天空中的新月、星星、满月或太阳；有人将金色的新月看作一艘太阳驳船，将一条弯曲的黄金边看作地平线。虽然人们不知道内布拉星象盘的真实用途，但有人认为它是一件具有宗教意义的艺术品，还有人甚至假设它可能是一个早期天文钟。

这个圆盘是由马里奥·伦纳和亨利·韦斯特法尔两名金属探测爱好者用金属探测器在米特尔伯格山（位于德国萨克森–安哈尔特州的内布拉）的史前遗址中秘密挖出的。不过，圆盘在挖掘过程中遭到损坏，其边缘开裂，有一大块崩开，导致一颗星星丢失。作为祭品的一部分，圆盘还包括两把仪式用的青铜剑——这种剑太软，不适

◁ 与内布拉星象盘同期出土的文物，包括武器和首饰

“虽然人们不知道内布拉星象盘的真实用途，但有人认为它是一件具有宗教意义的艺术品，还有人甚至假设它可能是一个早期天文钟”

用于战争——以及一把凿子、两把斧头和螺旋手镯的各种零件。

与其他许多国家一样，文物自然归属于出土地所属的国家。而没有执照的金属探测爱好者将被视为掠夺者，其行为是违法的。这对夫妇也是在试图将圆盘卖给考古学家时才知道这一点，但他们并未收手。2003 年，他们又试图将其卖给另一个瑞士古董收藏家，要价 40 万美元。然而，他们并不知道自己已落入警方的圈套。他们在巴塞尔希尔顿酒店的地下室交易时被捕，独一无二的星象盘被带到安全的地方，以便保存和研究。

经过审慎的评估，考古学家认为这块星象盘产自约公元前 1600 年的青铜时代。2013 年，内布拉星象盘成功入选联合国教科文组织《世界记忆名录》。虽然有些人认为它只有一半，另一半仍有待发现，但迄今为止还没有发现类似的物品。

◁ 内布拉星象盘上的七颗恒星组成的星团代表昴星团

印度河流域的玩具

TOYS OF THE INDUS VALLEY

从木偶、陀螺到有轮子的手推车，
南亚各地出土了大批儿童玩具

△ 这是一个有趣的泥雕，有轮子和可以穿绳的小孔，孩子们可以拉着它移动

印度河流域的玩具虽然不是最古老的，但却是现存最大的玩具宝藏之一。它不仅为我们提供了青铜时代儿童生活的详细信息，还有助于梳理出游戏的全部历史。

印度河流域文明是盛行于南亚的先进青铜文明。印度河流域诞生的玩具藏品都是手工制作的陶器。制作玩具的陶土大多来自巴基斯坦旁遮普邦的重要城市哈拉帕。专家认为，这些玩具就是日常生活中的活动和部分物品的微型复制品，这不免让人想起今天儿童玩的乐高套装。

这些藏品可以追溯到公元前2500年，其中一些玩具色彩鲜艳，造型多样，从有轮子的公羊（一个可活动的羊状模型）和瘤牛雕像（一个可活动胳膊和腿的动物木偶）到旋转的陀螺，再到蛋形哨子、骰子、玩游戏用的陶土圆盘和迷宫（大概设计成大理石跑道）。在哈拉帕文化中牛或水牛拉车的模型极为常见，揭示出动物在日常生活中的重要作用，今天这种牛车仍在该地区的竞赛中使用。专家指出，一些动物雕像显示出人们已把一些动物当成宠物，如鸽子和其他鸟类。现在许多玩具藏品都在新德里的国家博物馆展出。

人们还发现了一些比印度河流域的玩具

△ 我们可以很容易地想象到一个印度河流域的孩子正在玩这个活泼的小狗雕像。一些哈拉帕玩具犬戴着项圈，表明宠物狗很常见

“这不免让人想起今天儿童玩的乐高套装”

更古老的玩具，它们并非用黏土捏制而是雕刻而成，数量十分稀少。其中，世界上最古老的玩具来自西伯利亚的伊特科尔二世考古遗址中的一座儿童墓。墓中的玩具可追溯到青铜时代的奥库涅夫文化。其中包括一个两英寸长的皂石娃娃头。娃娃的其余部分大概是由已经腐烂的有机材料制成。还有一个用鹿角或牛角雕刻的马头。附近一个婴儿墓中还出土了微型人像，虽然看起来像同一时期的响铃。而欧洲最古老的玩具则是一只能上下摆动且可以“喝水”的鹳。这是最近才在保加利亚罗多彼山脉的青铜遗址中发现的，时间可追溯到公元前 1500 年—前 1200 年。

一些青铜时代的玩具出现在儿童墓中，表明古代的父母与今天的父母使用完全相同的方式来表达悲伤。

△ 就像今天的儿童玩玩具车一样，当年印度河流域的儿童也有玩具车。他们可以玩好几个小时呢

文明
CIVILISATIONS

古代苏美尔城市
THE CITIES OF ANCIENT SUMER

在人类历史上，古代苏美尔人不仅最先发明出文字，还创造出许多其他文化。这些文字与文化，共同构建起苏美尔文明的根基

考古学大多是猜测性的工作——专业人士基于神秘的历史遗迹做出猜测性解读。即便我们可以通过雕像、房屋和工具了解过去，在某种程度上仍永远无法理解那些无声的历史遗迹。然而，随着苏美尔城邦和文明的崛起，人们将自身经历记录并保存下来，这使我们首次拥有了直接接触青铜时代的机会。

苏美尔的历史

苏美尔是现今伊拉克底格里斯河和幼发拉底河之间的一个山谷。我们很难确定首批苏美尔人进入该地区的时间，在发现苏美尔城邦之前，人们根据欧贝德出土的证据将这段时间命名为欧贝德时期。约公元前6500年—前4000年，人类正处于农业定居期，狩猎采集者们开始建立村庄和城镇。目前已出土的陶器、工具和小雕像为我们了解他们的社会提供了线索。

苏美尔人在某个时间来到这个地区，他们称自己为“黑头人”，且带来了一种与本地语截然不同的语言。他们接管欧贝德人的村庄，虽沿用原来的名字，但却将其改建成真正的城市。

公元前4000年—前3100年，以苏美尔城市命名的乌鲁克时期见证了城市的诞生。这些城市在之后几千年一直统治着该地区。许多人认为乌鲁克是世界上首个真正的城市，它在几个世纪后已发展成最大的城市，人口多达8万。古老的《吉尔伽美什》史诗这样赞美其城墙：“看看那泛着铜光的外墙；看看那无可比拟的内墙。”

当考古学家认为乌鲁克是首个城市时，苏美尔人却认为埃利都才是“天降王权”的地方。对苏美尔人来说，文明是一份礼物，更确切地说，它是一系列由恩基神赐予的礼物——恩基是埃利都的守护神。苏美尔的每个城市都有一个守护神。在尼普尔，人们认为主神恩利尔就是这座城市真正的国王，因此无须设立人类统治者。

“尽管苏美尔各城市拥有共同的语言和宗教信仰，但彼此之间却极其独立”

尽管苏美尔各城市拥有共同的语言和宗教信仰，但彼此之间却极其独立，且战争不断。有时一个城市的国王可征服并统治其他几个城市。约公元前 2600 年，卢伽尔·安·蒙图征服了乌鲁克、乌尔和拉加什，并创立了有史以来的首个帝国——阿塔卜王朝。后来，拉加什国王恩纳图姆征服了整个苏美尔，并竖起一块胜利石碑，上面刻画了秃鹰正在吞噬死去的敌人。

苏美尔的最终灭亡或许是由于苏美尔各个国王的暴躁秉性所致——他们互相争斗且无法承受外界压力。后来，萨尔贡建立起阿卡德王国，控制了苏美尔地区。约在公元前 2330 年—前 2150 年，苏美尔人和阿卡德人处于同一个王朝的统治下，联系紧密。不久，双语王国改变了苏美尔城市的样貌，苏美尔语也不再是口语，而是只存在于楔形文本中。尽管相较苏美尔的独立而言这或许是一种倒退，但这座拥有 2000 年历史的城邦已今非昔比。

苏美尔的社会和宗教

宗教在苏美尔城市中至关重要。在早期，城市的实权掌握在寺庙精英手中。每座城市都供奉着一位守护神，而神庙通常是城内最壮观的建筑，巨大的阶梯形塔支撑起许多城市的轮廓。在这些神庙中，有一位被称为“恩希”的祭司扮演着世俗统治者和宗教领袖的

▽ 约公元前 2600 年的《乌尔军旗》，展示了古城生活的同时也描绘了和平与战争

双重角色。随着时间的推移，“大人物”卢格勒作为城市的统领，很快取代了“恩希”的地位。由于城市间战争不断，祭司的地位逐渐让位于强壮的勇士。

但王权始终是神圣的。许多城邦的国王前往尼普尔，仪式性地从恩利尔手中获得权力。《苏美尔王表》是一份列有苏美尔全部统治者名字及其成就的文件，它记录了王权是如何降临到一个叫阿卢利姆的埃利都人身上的。据说他在位28800年，这或许不那么准确，但国王名单确实为我们提供了一个关于苏美尔人如何看待国王的新视角。

《苏美尔王表》还列有一位女性统治者，她的故事再次表明苏美尔人是如何将天地联系起来的。某天，酒馆女主人库巴巴将面包和水送给正在为马杜克神献祭的渔夫。马杜克看到她的忠诚，便授予库巴巴“整个国家的主权”。在国王和祭司之下，大多数人以务农为生，生产出足够生存的食物。在这二者之间，出现了工匠和抄写员。工匠们利用

△ 宗教促进了苏美尔的艺术创造。最常见的就是寺庙里供人们祈祷的雕像

▽ 《苏美尔王表》记录了苏美尔的历代统治者，以及那些统治持续数百年的神话式的国王

▽ 从《吉尔伽美什史诗》到家人的悲伤，楔形文字记录了一切

苏美尔文字

得益于苏美尔人在坚硬的黏土上书写，他们的文字得以保存下来。可以想见他们若在其他材料上书写，那么文字将随时间一起消逝在历史中。黏土上的文字可以帮助我们了解苏美尔人的生活。

在一篇宗教经文中，我们了解到女神伊南娜是如何设法将恩基灌醉，并从他那里偷走所有对文明有益的东西："伊南娜掌握了木匠工艺、铜匠工艺、抄写员手艺、铁匠工艺、皮革工艺、漂白工艺、建筑工艺、芦苇工艺。"与此同时，她也拥有了善良、英雄气概和权力。

从现存的信件中，我们可以看到在世俗世界爆发战事之际，曾有臣子上书国王，警告"现在敌军已崛起"。还有人写信给国王，求其"不要让任何人破坏我父亲的家庭，不要让任何人夺走我父亲的财产"。

更让人感动的是，我们还可读到一些个人信件，其中蕴含的情感可能在任何历史时期都是共通的。比如，"旅程不断增加。我将不能照顾母亲"。

技术创造出比狩猎更受欢迎的文明，而抄写员则协助组织城市间的贸易。

苏美尔的科技

苏美尔人是专业的冶金学家，他们使用大量的铜来制造小物件，如壶、剑和箭镞。他们也可能是首次在铜中加入锡来制造青铜的人。这种坚韧耐用的合金彻底改变了他们的生活。从战争到农业，人们皆使用青铜工具。由于该地区有复杂的贸易网络，这是可以实现的。

由于当地木材等资源相对缺乏，苏美尔人必须长期与外人进行贸易。不久，他们便获得了实用性和装饰性材料。青金石是苏美尔人特别喜欢的一种蓝色石头，它可能是从阿富汗进口而来——阿富汗是少数盛产青金石的地区之一。此外，阿富汗也盛产制造青铜所需的锡，因此锡贸易或许也遵循着同样的路线。

文字的发明使人们管理复杂的贸易网络成为可能。人们在几个地方都曾发现原始文字，但来自苏美尔的文字是我们目前读到的最早且最完整的正式文字。数千年来，楔形文字（或楔形符号）成为该地区主要的书面文字。在泥板上书写楔形文字的抄写员在苏美尔社会中发挥了重要作用。虽然这是大多数男性的追求，但确实也有一些女抄写员，例如在苏美尔周围的寺庙里担任抄写员的阿马特·马穆。

文字除了用来记录贸易和库存外，还可用在史诗故事、宗教赞美诗创作和皇家宣传中。此外，文字还可以用于颁布法律、进行诉讼。《乌尔纳姆法典》是现存最早的法律文本，它告诉我们法律下的平等是如何建立的："孤儿不受富人欺凌，寡妇不受权贵的强暴，使拥有一谢克尔银之人不受拥有一迈纳银之人的剥削和压迫。"

当然，对大多数苏美尔人来说，文字和贸易可能超出了他们的能力范围。大多数人会从更实用的发明中受益，比如促进农业发展的轮式手推车和灌溉水渠，以及让城市引以为傲的浓啤酒。然而，若没有这些文字，古代苏美尔人的生活将无法为后世所知。

苏美尔的遗产

苏美尔城邦最终遭到外来入侵，但他们留下了绵延数千年的遗产。3000年后，他们的文字仍被沿用。他们写下的故事在千里之外其他国家的图书馆仍占有一席之地。《吉尔伽美什》史诗中描述了一个追求不朽的人。在写着他名字的文章中，他也许找到了一种超越青铜时代的生活方式。

△ 王权是苏美尔社会的重要特征之一。这是制定法典的乌尔纳姆国王

▷ 青铜除了用来制作工具和武器外，也可以用来制作供奉苏美尔神的祭品

青铜时代的印欧人

THE INDO-EUROPEANS IN THE BRONZE AGE

约公元前 3000 年，古代印欧人在迁移到欧洲之前，生活在青铜时代的东欧大草原

1786 年，威廉·琼斯在印度加尔各答的英国殖民地政府做法官时，自学了一种印度的古老语言——梵语。他注意到梵语中的许多词汇与古希腊语和拉丁语中的词汇有明显的相似之处。因此，他假设三种语言源自共同的“祖语”。

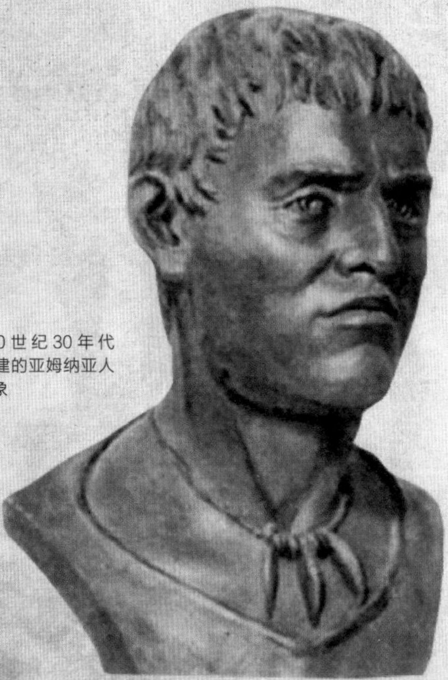

▷ 20 世纪 30 年代时重建的亚姆纳亚人的形象

目前，这种“祖语”还不为人所知，但学者们已开始尝试根据“子语”的共同词汇（同源词）进行重建。人们将这一语系称为印欧语系，将重建的古老语言称为原始印欧语。

这个语系很有名。原始印欧语系的子语言非常多，包括印度的印地语和伊朗的波斯语，东欧的俄语和波兰语，以及斯堪的纳维亚的瑞典语和挪威语。在中欧有德语和捷克语。在西欧有荷兰语、法语、英语和盖尔语。在南欧有西班牙语、葡萄牙语、意大利语和希腊语。

印欧人居住于何处？

除根据同源词来重建语言外，学者们还试图找到印欧人的原始家园。一个大胆的假设是，他们可能居住在安纳托利亚或今天的土耳其附近。

▽ 威廉·琼斯在加尔各答的英国殖民政府担任法官之际，提出梵语、希腊语和拉丁语源自共同的“祖语”

“人们发现，亚姆纳亚人埋葬遗体的库尔干墓（人造土丘）遍布整个草原”

在《考古学和语言：印欧语系起源之谜》（1990）一书中，考古学家科林·伦弗鲁提出这样一种理论：“首批农民”——欧洲最早从事农业的人——于公元前6500年之前的某一时间点，将原始印欧语从安纳托利亚带进希腊。原始印欧语在欧洲不断传播，最终分裂成今天的子语。然而，这一理论存在致命缺陷，即原始印欧语系的各子语中，都有与马车和车轮有关的同源词，这意味着讲原始印欧语的人必须生活在同一语言社区内，才能使所有的子语都共享这些词汇。

但是，包括货车的象形符号、二维图像、三维模型，以及保存下来的车轮部件在内的考古证据显示，装配“车轮”的交通工具最早只能追溯到约公元前3400年，即在公元前3400年以后才出现。换言之，在首批农民从安纳托利亚迁徙到欧洲，原始印欧语分裂成子语后，才发明出“车轮”，这又如何解释呢？对此，大卫·安东尼在《马、车轮和语言：欧亚草原青铜时代的骑马者如何塑造了现代世界》（2007）一书中则坚持认为，约在公元前3400年，原始印欧人生活的地区崎岖不平，而此时出现了马车，于是与马车和车轮有关的词汇进入原始印欧语中。随后，有些人带着这些词汇前往欧洲，有些人则来到伊朗和印度。

安东尼还认为，最早的印欧人并非安纳托利亚的首批农民，而是俄罗斯南部的亚姆纳亚人。亚姆纳亚人是一支游牧民族，他们放牧牲畜，驯养马匹。目前，人们已在黑海和里海以北的大草原上发现了他们的遗骸。

人们发现，亚姆纳亚人埋葬遗体的库尔干墓（人造土丘）遍布整个草原。这些墓葬可追溯到公元前4000年或公元前3000年，那时亚姆纳亚人用已发明的马车将遗体运到草原下葬。这些库尔干墓中已出土大约250辆马车残骸，证明亚姆纳亚人已拥有自己的马车。安东尼认为他们正是原始印欧人的代表。

马车、车轮和印欧人

许多子语中都有与马车和车轮相关的同源词，这表明它们的词根都源自原始印欧语。毫无疑问，俄罗斯南部草原上的亚姆纳亚人拥有马车。不过，是否有确凿的证据证明他们曾带着语言向西迁徙到欧洲呢？

目前，人们已在保加利亚的普拉奇多尔发现了证据。在一座约公元前3000年的古墓中，除尸体外还出土了两个车轮，其形状和功能都与同期亚姆纳亚人生活的东欧大草原发现的车轮类似。而在匈牙利及几个巴尔干国家也曾经发现库尔干墓。这些古墓中的物品也与东部亚姆纳亚草原的库尔干墓出土的物品相似。这有力地证明了这些墓葬是由西迁到欧洲的亚姆纳亚人建造的。

DNA和印欧人

尽管亚姆纳亚人最有可能是印欧语最初的使用者，但仍有一个问题待解决。印欧语

◁ 东欧大草原是原始印欧游牧民族的家园

▽ 一座亚姆纳亚文化的克诺索夫斯基雕像，大致雕刻成人的形象，时间约在公元前 2500 年

系的安纳托利亚语有几个分支，包括赫梯语、卢维语和帕拉伊克语。这三种语言虽然目前都已灭绝，但当年并未如原始印欧语系其他子语一样使用马车和车轮等词汇。这表明在马车发明之前，也就是公元前 3400 年前，印欧语系的安纳托利亚语已与其他原始印欧语系分离。

现代科学为解决此难题提供了有力支撑。对古代亚姆纳亚人骨骼 DNA 的检测支持了草原假说。现代北欧人，也就是讲印欧语系子语的人，在基因上与古代亚姆纳亚人关系密切，这支持了从大草原向中欧迁移的假说。然而，从安纳托利亚发现的古代骨骼中提取的 DNA 并未显示出与亚姆纳亚人或赫梯人的关系，即使赫梯语也起源于印欧语。

对此，大卫·赖希在《我们是谁，我们如何来到这里：古代 DNA 和人类过去的新科学》（2018）一书中有过一个解释。他认为安纳托利亚的印欧语是一个来自高加索地区以南，也许是伊朗或亚美尼亚的“原始”印欧人的语言。他们中的一些人向西进入土耳其，而另一些人则向北进入草原，在那里学会了使用马车和车轮，并发展出与之有关的词汇。正是亚姆纳亚人，将已经包含“车轮”等同源词的原始印欧语传播到了欧洲。这是个不错的假设，因为它既解释了安纳托利亚语言之间存在差异的原因，又认可了亚姆纳亚作为将印欧语传播到欧亚大陆各地的主要载体的地位。

印欧文化

重建约公元前 4500 年—前 2500 年诞生的印欧文化及其世界，只能依据留存的文字记录进行猜测。现在，重建好的诸如赫梯语和拉丁语等子语，已经可以用来帮助我们追寻原始印欧人的思维和生活。他们肯定知道绵羊，因为在梵语、拉丁语和古高地德语中

△ 古代印欧人崇拜“天父”，他在古印度化身为特尤斯，在古希腊化身为宙斯，在古罗马则化身为朱庇特

“在他们神圣的神殿顶端，站着一位重要的天空之神，或称‘天父’。他在古印度化身为特尤斯，在古希腊化身为宙斯，在古罗马则化身为朱庇特”

都发现了相关的同源词。此外，我们也依据其他同源词确定印欧人也熟知狗、牛、马和几种不同类型的树，包括橡树、柳树、白蜡树和白桦树。

在他们神圣的神殿顶端，站着一位重要的天空之神，或称“天父”。他在古印度化身为特尤斯，在古希腊化身为宙斯，在古罗马则化身为朱庇特。此外，他们还有太阳神和月亮神。印欧社会本身可能由三个主要阶层组成：祭司、勇士和平民。

印欧人（或亚姆纳亚人）也是父系社会，新娘在结婚时搬入夫家。同源词“氏族”表明他们已拥有比家族更大的亲属群体的意识。

△ 俄罗斯南部发现的亚姆纳亚人墓地

◁ 草原人将遗体埋在库尔干土丘里，类似于青铜时代英国的古墓

对印欧人来说，马也是至关重要的。马可以拉车，可以载着士兵作战，也可以管理构成印欧社会经济基础的牛群。我们已经看到，马车的使用不仅为确定印欧人身份和生活地域提供了强有力的线索，还同样支撑着亚姆纳亚的繁荣。有了马车，印欧人变得非常灵活。

这种流动性将亚姆纳亚人从俄罗斯南部河谷的局限中解放出来。人们会在马车里存放用于维持长期生存的食物和水，然后带领着牛群到河流之间的广阔土地上吃草。公元前 4 世纪末，马车使得亚姆纳亚人在草原上迅速扩张成为可能。从一个地方迁移到另一个地方时，他们的语言会在更近或更远的群体之间得到发展，最终构成印欧语系的基础，这种语系延续了几个世纪，今天仍然存在于欧洲和亚洲。

马车和车轮

随着原始印欧语的使用者向东、西方迁移，他们对马车和车轮的称呼也随地区而改变。然而，其核心特征仍然存在。例如，古英语的轮子是“hweohl”，古挪威语是“hvel”，而中古荷兰语是“wiel”；古希腊语的轮子是“kuklos”，而古印度语是“cakra”，阿维斯陀语是“caxtra”；拉丁语有“rota”，而古爱尔兰语有“roth”，古德语有“rad”。

不同的子语也存在同源词，如“axle”即车轮绕着旋转的部分（拉丁语是“axis”，古英语是“eax”），“thill”即马车的牵引绳（古英语是“ar”，希腊语是“oisioi”，阿维斯坦和伊朗语是“aesa”）。

不同的子语都有大致意思为“ride”的词（拉丁语是“veho”，指承载、传达；威尔士语是“amwain”，指开车到处跑；古挪威语是“vega”，指带来、移动；古日耳曼语是“wegan”，指移动、称重）。一些子语还从这个词根派生出了单词“wagon”，即马车。

不同子语对马车等同源词的使用，凸显出马车在亚姆纳亚人生活中的中心地位。大约在公元前 3400 年，马车彻底改变了草原生活，亚姆纳亚人得以从草原扩张到更远的地方。

△ 公元前 2000 年晚期的车轮形吊坠，表明车轮符号在青铜时代的宗教中的重要性

印度河流域文明

THE INDUS VALLEY CIVILISATION

古代世界最大的文明创造的网格城市规划和排水系统，
在神秘的笼罩下消失了数千年，有待人们揭开面纱

1826 年，一位英国东印度公司的探险家发现了一座只有当地人知道的古城。人们推测这座古城约有 1500 年的历史。然而，在随后的 50 年内，废墟中的烧砖被铁路工程师挖走，用以充当道砟。在接下来的几十年里，考古学家开始尝试重新将碎片拼接起来，最终重建出一个失落的文明。该文明在规模和时间上都超乎想象，是古代世界最大的文明。这座被洗劫一空的城市就是哈拉帕——印度河流域文明的权力之都。

约在公元前 3300 年诞生的巨大文明却有着最普通的起源，它由印度河和哈加－哈卡拉河两条平行河流间的平原上散落的村庄发展而来。人们依靠该地区极其丰富的狩猎和捕鱼资源，很快开始种植小麦、大麦和棉花并获得丰收，一座座丰满的粮仓拔地而起。在文明形成前，它就已与伊朗、阿富汗甚至土库曼斯坦开展贸易，并建立起第一条跨越阿拉伯海的海外贸易路线，以助其主要城市中心积聚权力和财富。至鼎盛时期，印度河流域文明已横跨约 130 万平方千米，有 1500 个定居点遍布在印度西北部、巴基斯坦大部，并且还渗入阿富汗。

至公元前 2600 年，河谷中较大的定居点已形成国家级的社会，而较小的外围定居点则类似于诸侯领地。绝大多数居民生活在小村庄里，但最强大的城市则以自治城邦的形式存在。尽管各城市已用巨大的泥砖和石墙建立起稳固的防御体系，但冲突在印度河流域文明中却扮演了极其次要的角色。支撑这一判断的证据就是废墟中并未出土多少箭镞或长矛。相反，印度河流域的影响力是通过文化的力量传播出去的，其城市规划、经济和社会的同化系统发挥了重要作用。受其影响的区域面积达到了美索不达米亚文明或古埃及文明的两倍之大。

哈拉帕和摩亨佐达罗是两个最大的定居点，可分别容纳 5 万名居民。印度河流域文明因最早诞生于哈拉帕，故而也被称为哈拉帕文明。这里的城市规划类似，都是在西边的土丘上建起一座拥有大型公共建筑的城堡，在东边建起一片低层住宅区。印度河流域的城市布局呈网格状，构成了一个个平行四边形，长长的通道从北到南、从东到西延伸。印度河流域的各个定居点整齐划一，小到砖头尺寸都有统一规定。

△ 印度河流域的城市呈网格状，一条条长街在城市中延伸

街道是根据风向设计的。微风穿过城市，新鲜的空气进入千家万户。公共排水管道铺设在宽阔的道路中央，并配有收集和清除垃圾的下水井。房屋围绕着中央庭院建造，配有客厅以及精心设计的贴有瓷砖的室内浴室和厕所。浴室和厕所皆可连接到公共排水管道。可以说，当时的管道系统不仅比同期其他文明先进，甚至在许多方面比今天的印度和巴基斯坦都要好。

政府提供公共厕所。哈拉帕和摩亨佐达罗比罗马早几个世纪拥有大型公共浴室。而浴室所处的中心位置表明其对干净的追求绝不仅仅是出于卫生的考量。污垢和杂质被视为是邪恶的，这也表明纯净的仪式在哈拉帕人心中扮演着重要角色。同时，这也是后来印度教传统习俗的根源。

权力分散掌握在商人、祭司、地主等各类职业精英手中。然而，整齐划一的居住区和墓葬区表明，无论是祭司、勇士、农民、商人还是工匠，他们的社会地位都具有很高的流动性，在这方面，后来类似的体现阶级划分的种姓制度（或称瓦尔那制度）中是无法比拟的。印度河流域的大多数人都拥有同样的葬礼——将遗体放入棺材或裹尸布内，将重要的家具置于其上，再与陶器、首饰、饰品，以及铜镜或珍珠母贝等个人物品一同下葬。尽管这些物品可以证明人们对死后生活的执念，但哈拉帕人相对较小的墓地表明并非所有人都采用土葬，也有人是被火化的。

虽然农民通过放牧、种田过着相对简单的生活，但大城市才是文化、贸易和工业的中心。工匠们是金属制品、宝石和陶瓷的制造大师，他们生产的饰品和工具远销海外。铁匠可以铸造铜和青铜，他们将熔融状态的金属倒入铸模，并加入锡或砷去除气泡，通过这种方式制造出箭镞、斧头、鱼叉及小瓶等物品。他们还利用丰富的优质棉花加工出纺织品。

陶瓷工匠在环形窑中生产出大量陶器。环形窑的结构是在镂空的地板下配置炉孔和窑炉，再在上面搭建穹顶。这一设计主要出于功能性的考虑，陶瓷工匠会用河流中的粉色黏土烧制出高脚杯、普通杯、平底锅及其他实用物品，还会利用风化技术确保陶器内外釉色一致。这些陶器还具有如下特征：其背景多是鲜红色，顶部绘有几何和自然意象的黑色图案，比如一个渔夫手拿网和竿，脚旁放着一条鱼和一只乌龟等。

早期印度河流域的居民用贝壳制作珠子，后来他们愈发智慧，甚至用宝石或黄金制作珠子。工匠们还制作出一种独特、坚硬且色彩斑斓的玻璃彩陶。他们还用象牙雕刻工具、首饰和骰子，用鞣制过的兽皮做衣服和船帆。他们的衣着风格在某些塑像上得到展现。

尽管印度河流域没有产生很多精美的艺术品，但在摩亨佐达罗出土了一件特别奇特的石灰石雕像。雕像约 17 厘米高，雕刻的是一个身着长袍且留有胡子的男子，一个肩膀暴露在外。有人猜测这是一位国王。青铜雕像更加罕见，其中最著名的是“舞女”雕像，雕像中一个戴着手镯和项链的女子在忍痛舞蹈，无论在舞蹈形式还是感官享受上都非常卓越。

在印度河流域，人们使用标准的重量单位进行结算，其影响甚至远及阿曼和美索不达米亚。美索不达米亚人从印度河流域运走

△ “舞女”是一座罕见的印度河流域的青铜雕像。它刻画了一位自信的年轻女士，正享受着青春年华

▽ 印度河流域丰富的小麦和大麦产量使人们开始建造粮仓和磨坊，为该流域快速发展迈出了重要的一步

洋葱、棉花、硬木、珍珠、玛瑙、孔雀和猴子，再运回原材料、铜、黄金、羊毛制品和香水等。不过，虽然印度河流域的商人生活在美索不达米亚，美索不达米亚人却不会在印度河流域定居，这表明印度河流域仍是一个封闭的社会。

考古学家还发现了数百枚小皂石印章，很可能是商人用来在软黏土上压印图案和铭文的。流传最广的图案当数独角兽，这是一种形似无驼峰的公牛和羚羊交配所生的杂交动物，拥有长腿和夸张的生殖器。另一图案或许是通常被称为湿婆的男神，他是百兽之王，头戴牛角头饰，角上各长着一棵菩提树（据说佛陀坐在同一棵树下获得顿悟）；他的身体呈莲花坐的姿势，象征着冥想和内省；有时他还有三张脸，四周有百兽相伴，形成了一副曼荼罗。还有的印章以公牛、狒狒、大象、犀牛、老虎和其他本地动物为形象，且通常被描绘成雄性。

△ 尽管缺乏证据，这座在摩亨佐达罗发现的罕见雕像被命名为“主祭司神”

文字的奥秘

印度河流域的印章，从右到左装饰着难以辨识的图案，至今仍未被破解。文字可能是解开印度河流域文明秘密的钥匙。

印度河流域文明创造出一套复杂的书写文字，有数百种视觉语言符号：点、线、几何图形，以及人类和动物形态，总数在 300 到 700 个之间。其中一半是基本符号，还有许多复合符号。它是音节文字，每个符号代表一个音节，而不是一个字母。文字从右到左，从上到下书写，可作为印章和商品的装饰，也可以传递物主的身份信息，或包含祈祷、供奉等内容。文字还被强制书写在木制品上，以便于行政管理、标识房屋或祝福旅客。

在印度河流域，语言规则、句子结构和语法似乎是一致的。不过，尽管人们已尝试用多种方法进行破解，但由于缺少像罗塞塔石碑这样的样本，仍未破解成功。不仅如此，大部分文本只有 8 个符号，最长的不过 17 个符号，很难理解。另一个难题是对图像意义的解读。这些解读因人而异，比如对于某个图像，有的学者认为是一条蛇，其他人则看成是一个坐着的人。或许这种语言的消失比其文明的消失更令人困惑。若能成功破解，将解开许多谜团。

△ 印度河流域的印章从右向左装饰着难以辨认的图案

同时，陶俑多表现女性，特别关注其翘起的臀部、大腿、胸部等部位以及艳丽的发型。这似乎象征着对女神的崇拜，或在仪式上与万物有灵论的精神观结合。卡利班甘和拉吉加希的祭坛还出土了牛骨，可能是祭祀用品。由于缺少寺庙，大型宗教仪式是露天举行的，而分散的礼拜仪式则在家里进行。此外，大城市中的文化或许已被同化，如果这种假设成立，那么边远乡村在调整文化和传统习俗方面就发挥了重要作用。

从公元前 1900 年开始，印度河流域文明开始迅速衰落，各定居点变得愈发孤立，仅依赖本地的资源和贸易网络，整齐划一的城市规划、工艺和生活几乎消失不见，文明逐渐消亡。排水管道年久失修；重工业分裂成

“虽然印度河流域的文明拥有文字，但至今仍未被成功破解”

△ 印度河流域的农民仍然沿用当年的木质牛车

◁ 卫生对印度河流域的居民极其重要。城市拥有公共和私人浴室，皆与复杂的公共排水管道相连

小作坊；人们用回收的砖块建造劣质房屋。在摩亨佐达罗，富人在生前埋藏贵重物品，穷人的尸体却被遗弃在废屋或路旁无人问津，可谓“朱门酒肉臭，路有冻死骨”。

在此后的500年里，这些定居点逐渐缩小，直至消失，人们纷纷涌向附近的古吉拉特邦、卡奇平原和东旁遮普邦，建立新的定居点。尽管生活陷入黑暗，但印度河流域的珠子制造、冶金、制陶、釉面彩陶和建筑工艺得以延续下来。经过长久的沉寂，传统商人重新接受并使用哈拉帕的重量单位。今天印度河流域的农民仍然沿用当年的木质牛车。然而，复杂的印度河文字仍未破解，该文明真正的文化遗产仍笼罩在神秘之中，有待人们揭开面纱。

◁ 陶俑似乎刻画了一位具有夸张女性特征的女神

▽ 工匠们用贝壳、宝石和一种新型的玻璃彩陶制作各种各样的珠子

▽ 哈拉帕人在结束了一整天的田里或窑里的工作后，喜欢回家玩棋盘游戏

古埃及王国

THE KINGDOMS OF ANCIENT EGYPT

古埃及王国先后跨越
古王国、中王国、新王国等多个时期，
见证了法老权力的顶峰和埃及文化的腾飞

古埃及王国的统治长达3000年。如同其他独立王国一样，它在战乱的废墟和破碎的领地上崛起，逐渐发展成一个震慑北非和周边世界的国家。它是文化和宗教中心，也是科学与魔幻交织的场所。古埃及人所创造的那些甚至超越了古希腊和罗马巅峰的成就，绝非一朝一夕之功。

在亚述人到来以及波斯人入侵前，在被希腊征服和罗马吞并前，埃及独自崛起，又轰然没落。在这之间也存在黑暗时期（事实上有三个，被称为中间期），不过古埃及的历史主要被划分为三个时期：古王国时期、中王国时期和新王国时期。古王国时期建造出了屹立数千年的标志性建筑，这是一个文化重生、建筑不朽的时代。中王国时期是国家统一和重建的时代。新王国时期则在版图和文化方面取得了前所未有的发展。

古埃及统治期间不仅是军事扩张的时期，也是极具创新性的时代。埃及人的壮举不胜枚举。比如，他们发明了包括眼妆在内的早期化妆品；成为首个创造书面语言的文明之一（紧随美索不达米亚）；生产出的纸莎草纸，比中国的造纸术早了几千年；设计出我们今天仍在使用的日历的基本结构；甚至宣称发明了保龄球和早期薄荷糖。

简言之，这是一个我们从未见过的国家。神、法老、金字塔、木乃伊、农业及其他文化的出现使古埃及成为人类历史上最迷人、最智慧的文明之一。

“新王国时期的人们认为，建造金字塔是过时的想法”

历史名人

各时期伟大文明的创造者

古王国时期

佐塞 公元前 2670 年

在古王国的早期国王中，法老佐塞是最具影响力的。他虽不像纳尔迈那样实现了埃及的统一，但仍有两个可以定义古埃及的突出贡献。一是开展军事行动，巩固并扩大王国疆域，同时发展文化；二是在埃及建造了首个金字塔——萨卡拉阶梯金字塔，为法老时代的辉煌画下蓝图，激励后世取得更大的成就。

中王国时期

蒙图霍特普二世
公元前 2061 年—前 2010 年

古埃及王国经历扩张与繁荣后，逐渐走向分裂。此时，埃及被两个相互竞争的王朝分割，出现了一个短暂的黑暗时代，史称“第一中间期”。下埃及由第十王朝控制，上埃及由底比斯王朝控制。登基 14 年后，法老蒙图霍特普二世打破僵局，袭击了下埃及首都赫拉克利奥波里斯，并最终统一了国家，成功开启中王国时期。

新王国时期

拉美西斯二世 公元前 1279 年—前 1213 年

图坦卡蒙是辨识度最高的法老，但他在权力、影响和成就方面远不及拉美西斯二世。作为第十九王朝的第三位法老，拉美西斯二世接管了繁荣的王国，并使之变得比以往任何时候都更加强大。他扩张边境，征服迦南乃至努比亚到黎凡特的一切。他也是一位多产的纪念碑和寺庙的建造者，甚至还创建了新首都派拉姆西城。

△ 第四王朝法老胡夫监督吉萨大金字塔的建造

▽ 古王国的墓葬艺术

古王国时期

古王国时期见证了首个法老、王朝和金字塔的诞生。这是一个重生的时代

在古王国时期之前的前王朝时期，埃及发生剧变，国家分裂成若干区域，每个区域都有自己的统治者。南北部在习俗和文化上的区别亦不断拉大。此时，南方的首都是希拉康波利斯，北方的首都是贝斯。

上世纪的发现彻底改变了我们对埃及前王朝时期的看法，第一王朝和纳尔迈并非一夜崛起。上埃及是较富裕的地区，有三个主要城市——提尼斯、尼肯和涅迦达。在经历了城市间的相互征服与合并后，约在公元前3100年，古埃及完成了统一，成为由勇士法老纳尔迈统治的统一国家。随后两个王朝继承并发展了这片基业，并为古王国的发展规划了蓝图，开启了前王朝时期。此时，古埃及进入发展上升期。孟斐斯成为首都，阿拜多斯成为宗教中心，就连建筑和艺术也趋近经典样式。公元前2686年，第三个埃及王朝开启古王国时期。“古王国”一词由18世纪的历史学家创造，用于表示埃及三个文明高峰中的第一个。古王国经常被称为“金字塔时代”，见证了埃及诸多伟大的成就。从第三王朝首个法老佐塞到第六王朝最后一个国王西普塔一世，埃及成为文化和军事强国。

金字塔是这个时代的不朽象征，始建于佐塞统治时期。佐塞的大臣兼最亲密的顾问伊姆霍特普（他在后来被神化为半人神和医学之神）是佐塞金字塔的设计师，他的设计是古埃及建筑的一个重大飞跃。在佐塞之前，国王被埋葬在长方形的平顶墓中，称为墓冢。但第三王朝的法老希望建立一个配得上神圣统治者的坟墓，以期获得永生。伊姆霍特普遂将方形的马斯塔巴（埃及古王国时代之前贵族的墓葬形式，意为石凳——译者注）堆叠在一起，便形成了金字塔。这不仅是革命性的设计，而且成为新王国的珍宝。这个宏伟的坟墓，不仅象征着埃及人对死亡的永恒敬畏，而且激励着未来几代法老。

宏伟的阶梯金字塔（佐塞金字塔）并没有因佐塞的去世而失去继承者。第四王朝的国王统治埃及时期（公元前2613年—前2498年），多座新金字塔拔地而起。第四王朝是古王国的“黄金时代”，是繁荣的顶峰，和平的王国和邻国间推行开放贸易，推动经济蓬勃发展，如同古埃及每个和平时期一样，整个国家都在疯狂地建设。

胡夫，第四王朝的第二位法老，建造了

“古王国首都孟斐斯有一个强大的中央集权政府”

第一个法老

是谁将两个截然不同的部分统一起来，为古王国时期搭建舞台？

古王国时期是埃及首个真正繁荣和进步的时代，但若没有统一两个王朝并建立起法老制度的人，一切都将止步不前。这个人就是纳尔迈。和许多在新石器时代晚期改变历史的领袖一样，纳尔迈也成为神话和传说中的人物。他在第一王朝初期的所作所为，为后来 29 个王朝都树立了榜样。

纳尔迈在公元前 31 世纪统治埃及，成为首个统一上埃及和下埃及的人。当然，对于一个发生在史前时期的事件，我们所掌握的大部分信息均来自古墓中的实物及埃及考古学家和历史学家的结论，但我们仍可从中获取一些有趣的细节。

考古学家在阿拜多斯的法老卡阿、登两人（他们都是第一王朝纳尔迈之后的统治者）的坟墓里发现了一些印模，上面提及了一份古代国王名单，其中纳尔迈位列第一。人们甚至在佐塞阶梯金字塔墓中也发现了向纳尔迈致敬的石质器皿（精致的花瓶），花瓶或是为了展示墓主与王国的缔造者纳尔迈及其生活方式的联系。有些历史学家认为，王国的缔造者是一位叫美尼斯的统治者，而另一些人则认为纳尔迈和美尼斯实为同一个人。

△ 有人甚至认为纳尔迈是神秘君主蝎子王的化名，但目前没有证据证实这一说法

一座宏伟的纪念碑，被称为古代世界的七大奇迹之一，这就是吉萨大金字塔。它高 146.5 米，建设历时 20 年，堪称壮举，甚至使佐塞金字塔都相形见绌。后来，吉萨成为更多金字塔和庙宇的所在地，被人们统称为吉萨大墓地。吉萨金字塔成为埃及金字塔设计的顶峰，在 3800 年的时间里，它一直是令人震惊且最高的人造建筑，反映出法老的实力和埃及诸神的持久影响。

▽ 第四王朝法老卡夫拉时期建造的吉萨狮身人面像

古埃及第五王朝（公元前2498年—前2345年）见证了神学在全国各地的演变，一些教派异军突起。神在大众中的受欢迎程度有起有落，通常那些受到某些王朝青睐或地位重要的神才会得到人们的崇拜。同时，人们对太阳神“拉”和冥王“奥西里斯”的崇拜显著上升。

埃及经济也得到蓬勃发展，乌木、黄金、没药和乳香（没药和乳香都是没药树流出来的树胶——译者注）等商品的进口量持续增长。随着埃及与黎巴嫩及今天的索马里达成协议，其贸易边界得到进一步扩大。一言以蔽之，这是一个没有侵略和战争恐惧的进步时代。

这种经济的繁荣延续到第六王朝（公元前2345年—前2181年）。是时，墓室和坟墓中的咒语及铭文愈发受欢迎。这些铭文通常被称为金字塔铭文，构成了后来《亡灵书》的基础。

中王国时期

古埃及一次次分裂，又一次次统一。
它从废墟中崛起，进而成为一个军事和文化强国

古埃及历史上每一个伟大和不朽的时代都有土崩瓦解的阶段。其间，领土分裂，国家陷入黑暗的死寂。随着古王国晚期王室统治的瓦解，埃及进入一个史称“第一中间期”的时代。

更糟糕的是，当两个对立的王朝开始争夺权力时，法老的权力分裂成第十王朝（以下埃及的主要城市赫拉克利奥波里斯为中心）和第十一王朝（以上埃及的底比斯为中心）。这一时期的冲突和争端持续了 125 年，直至底比斯法老蒙图霍特普二世继位。

公元前 2055 年，蒙图霍特普二世登上上埃及王位。他目睹了第十王朝因内讧和常规骚乱而动荡不安的现状，登基后的第十四年，他趁乱袭击了下埃及首都赫拉克利奥波里斯，兵不血刃占领了该地及附近地区。最终，他

◁ 贝尼哈桑岩石墓，是一种主要出现在中王国时期的古埃及墓葬

平息了腐朽的第十王朝残余统治者的微弱抵抗，并着手统一王国。

这个任务十分耗时，前后花费了21年的时间才使上下两个地区统一起来。他首先发起一系列的军事行动，收复在第一中间期失去的领土，向南行至尼罗河第二瀑布。这一区域位于努比亚，此时已从埃及独立出来。蒙图霍特普二世迫使努比亚人重新臣服，进而恢复埃及在西奈地区的权威。在一个权威缺位的时代，无情的军事力量无疑起了重要作用。

蒙图霍特普二世巩固了权力，统一了国家，开创了我们所知的中王国时期。他的伟大成就由其子蒙图霍特普三世继承。与一般法老在位时长相比，蒙图霍特普三世的统治是短暂的（仅12年），但他通过远征夺回蓬特（埃及过去的贸易伙伴），进一步加速了统一。后来王位传于蒙图霍特普四世，但他的统治却是个谜。他的名字并不在中世纪和新王国的坟墓中出土的国王名单中，这表明他的统治更加短暂且戛然而止。

都灵纸草（也被称为都灵国王名单）就将蒙图霍特普三世死后的时期描述为“无王的七年”。关于这位“失踪国王”的信息很少，但一些细节表明，当时可能发生了政变。当时的大矿区瓦迪哈马马特出土的记录，证明了他的统治及为纪念碑采石进行的探险活动。该记录称一名大臣阿蒙尼姆赫特为指挥官。我们虽无法确定这是不是随后继位的阿蒙尼姆赫特一世，但也无法否认其可能性。

于是，由阿蒙尼姆赫特一世领导的下一个王朝就这样开始了。他迁都孟斐斯（古王

△ 阿蒙尼姆赫特一世开始在底比斯为自己建造金字塔。人们不知道这座金字塔为何后来被迁到首都附近的利什特

中王国时期的封建政府

在古王国和新王国时期，法老拥有绝对的统治地位。祭司、贵族甚至王后本人都可以在征得国王同意的情况下代国王行事，但大多数情况下，法老只服从于众神。然而，当古王国崩溃并分裂成两个独立的王国时，法老的绝对统治地位受到威胁。随着两个王朝之间权力的争夺，王国正常的行政系统土崩瓦解。

在法老崛起之前，整个国家分化成若干个被称为“诺姆”的小型城邦国家。每个诺姆都有一个指定的领袖或统治者。首个法老将这些独立的城邦联合起来，从而使埃及成为一个统一的国家。

即使在统一后，游牧部落（其中20个在下埃及，22个在上埃及）仍然存在。更多人变身为直接向王国中枢汇报的地方官员。随着王国进入第一个中间期，这些地区再次恢复自治。阿蒙尼姆赫特一世统一埃及后发现，这些地区的人们仍不甘愿屈服。诺姆领袖由世袭产生，而非国王任命。他们又通过联姻建立起强大的联盟，这使问题更加复杂。为了维持王国的和平，阿蒙尼姆赫特一世被迫同意与这些领袖结盟。由此形成了一种奇怪的封建制度，一直持续到辛努赛尔特三世继位。

△ 中王国时期的古埃及人在木工车间里建造木质棺材

国时期的首都），并组建常备军——这成为留给后世的财富，历代继任者们都将其保留下来。新国王开始巩固国家边界，尤其是埃及与亚洲之间的边界。他让人们在东三角洲筑起城墙。事实上，阿蒙尼姆赫特一世在埃及各地都重建或新建了防御工程。这个古老王国的军事战略也从扩张转变为防御。

阿蒙尼姆赫特一世与其子辛努赛尔特一世共掌政权，直至老国王被暗杀（据说是被自己的卫兵暗杀）。随后，辛努赛尔特一世又与其子阿蒙尼姆赫特二世联合执政，并采取了一系列更加频繁的军事行动。至阿蒙尼姆赫特二世统治时，王国已相对和平，但他最终也选择了传统的联合统治方式。他的继任者是辛努赛尔特二世。此时，新法老与牧民们建立起良好关系，并着力维护王国的稳定。他在拉罕建造了一座金字塔，并将法尤姆地区的沼泽改造成可耕种的良田。

至继任者辛努赛尔特三世统治时，中王国时期的权力和影响达到顶峰。这位勇猛的国王与前任们都不相同，他的野心更大，想进一步开疆拓土。于是，他在王国北部调动了一支庞大的军队，无情地攻击努比亚人，逼其投降，最终夺取了努比亚的绝大部分领土。

下一位继任者是阿蒙尼姆赫特三世，他因激进的建筑方法而闻名。他利用国内的石灰石和砂岩采石场，推行了一项史无前例、遍及全国的庞大建筑计划。虽然他的儿子阿蒙尼姆赫特四世没有统治记录，但他的继任者索贝克尼斐鲁成为该国历史上第一位记录在案的女王，尽管她的统治仅持续了四年。

“在中王国时期，尼罗河水位暴涨引发洪水。但这促进了农业发展，进而促进了经济发展”

新王国时期

古埃及最后一个伟大时代在经济发展、国内建设和军事扩张方面都是最辉煌的

从公元前16世纪到前11世纪，新王国见证了古埃及的转变。国王和女王们都认为这个王国的未来充满希望，并愿意师法过去的君主。王国因勇士之剑而扩张，也因新的经济繁荣而重建。这是古埃及的巅峰时期，激发出一股创造热潮。

新王国之前又发生了第二次王朝断裂，史称“第二中间期”。在公元前16世纪伊始，一支被称为希克索斯的勇猛部落开始在三角洲（由通向地中海的河流和支流冲击而成）肥沃的土地上定居。当底比斯的法老意识到问题的严重性时，为时已晚。希克索斯人是可怕的勇士，他们有先进武器（主要是骑兵、战车和强大的复合弓），且已在三角洲定居下来。在第十五王朝建立并持续150多年后，希克索斯人将埃及一分为二，控制了下埃及。底比斯人的统治只限于上埃及。随后的历代国王都没少为打败希克索斯人而努力，但无奈对手是久经沙场的勇士，很难震慑。

直到第十八王朝首位法老阿赫摩斯一世治世之际，一切都发生了变化。面对王国无法驱逐希克索斯人的局面，阿赫摩斯一世组建了一支庞大的军队予以强力迎击。随后多年，他一直在边境巡逻，渐渐将希克索斯人驱逐出境。最终，这位底比斯法老终于将敌军赶出王国，并着手恢复埃及昔日的辉煌。

随着埃及的统一，阿赫摩斯一世开始一系列大规模的军事行动，收复了第二中间期

“这个时代形成的丧葬信仰，导致大量为保死后安全的护身符出现在墓葬里”

失去的领土，并给国家开拓了新领地。这些征服与扩张给王国的经济带来新的财富，使法老得以重建寺庙和纪念碑，进而重建这个古老的国家。

阿赫摩斯一世恢复埃及昔日辉煌的愿望在随后历代国王和女王们的行动中得到体现。比如，阿蒙霍特普三世就以前所未有的规模重建纪念碑、坟墓和雕像，巩固新兴的艺术和文化表现形式。

哈特舍普苏特女王是首位获得法老头衔的女性。她促进了经济的发展，远征邦特及其他贸易点。图特摩斯三世组建了有史以来由法老集结的最令人印象深刻的军队，一次又一次地征服边境，开疆拓土。第十八王朝是一个取得多方面成就的时代，但正如其他成功的时代一样，它也终有落幕的时刻。

转折发生在阿蒙霍特普四世（也称埃赫那吞）身上。埃赫那吞是一个宗教狂热者，他鄙视阿蒙（底比斯国王的守护神）神庙的力量，不相信埃及早期尊奉的多神教实践，与阿蒙信仰决裂，改为只信阿顿一神，最终使国家陷入大规模的宗教动乱。

埃赫那吞统治的这段时间，被称为阿玛纳时期。这一时期虽仅持续了 16 年，但已给王国带来损害。人们普遍鄙视这场骚乱，埃赫那吞甚至被其子和未来的法老图坦卡蒙称为“异端法老”。他的成就从历史中被清除，王国重新回到通往再次辉煌的轨道上。

随后的王朝将埃及的繁荣推向了新高度。这一时期最著名的法老是拉美西斯二世，他

接下来会发生什么？

随着新王国时期（即黄金时代）的终结，这个古老的文明将走向何方？

虽然我们知道古埃及随着克利奥帕特拉七世的死亡和公元前30年罗马帝国的吞并而正式结束，但实际上它灭亡的真正原因是拉美西斯十一世的死亡。在随后的“第三中间期”，法老的权力因政治斗争开始恶化。

这一时期大约持续了350年，分为三个阶段：第一阶段，王权由第二十一王朝（控制下埃及）和底比斯的阿蒙大祭司（统治中上埃及大部分地区）分掌，这两个国家相对和平地共存。第二阶段，埃及重新得到统一，主要得益于第二十二王朝及新国王舍尚克一世（约在公元前945年掌权的利比亚君主）的崛起。利比亚人曾是这个国家的死敌，现在却成为统治者，其控制范围也从东三角洲扩展到整个国家。不过，埃及在公元前850年第二十二王朝的统治下再次陷入动荡。至公元前818年，第二十三王朝崛起后，埃及又分裂成几个互相对立的国家。

埃及最终遭受努比亚人长达25年的入侵。这也预示着未来几个世纪的趋势：伟大的埃及历史随后被亚述人、波斯人和希腊人的入侵所埋葬。一言以蔽之，此时的埃及已与三个王国时期稳定的中央集权国家相去甚远，最终只能借助外部统治实现稳定。

带领由图特摩斯三世组建的大军，发动了一场大规模的军事战役，最终缔造出一个强大的埃及。他有很多孩子（大多早于他逝世），因此在帝王谷建造起一座巨大的墓地。

与第十九王朝一样，第二十王朝也以个人命名：拉美西斯三世。尽管拉美西斯二世使国家强大了起来，但拉美西斯三世却用失败的军事行动掏空了国库，削弱了国家实力。由于他管理不善，最终新王国和整个法老体系衰落了下来。

爱琴文明

THE BRONZE AGE AEGEAN

冶金技术的传入，
为爱琴海开启了一个前所未有的繁荣时期。
以往孤立的岛屿开始互通贸易，
既交换货物，也交换思想

新石器时代晚期，爱琴海社会结构单一，众多孤立的小社区分布在希腊和安纳托利亚之间。农民种植大麦和小麦，在爱琴海捕鱼并饲养家畜，过着平静的生活。人们用石头建造住宅，用岩石和骨头制造简易工具，用黑色的火山玻璃和黑曜石磨制切割工具。整个地区由临时首领统治，社会人人平等。

然而，约在公元前 3000 年，随着青铜工具和武器的到来，一切都发生了改变。青铜工具很可能是从安纳托利亚或美索不达米亚传入的。早期青铜时代恰逢印欧入侵者的到来，他们征服了爱琴海，并给当地居民带来了早期希腊语。在这个新社会中，权力由金属的持有量决定，拥有金属最多的人便成为终身首领。

随后的冶金革命促进了基克拉底群岛的艺术、经济和社会的显著发展。基克拉底群岛是爱琴海西南部一个由 30 个岛屿组成的区域，以最神圣的阿波罗圣地提洛岛为中心。基克拉底群岛拥有丰富的铜资源，使爱琴海常常处于青铜时代的风口浪尖。

由于没有定居遗址存世，考古学家只能通过挖掘古墓了解基克拉底在早期青铜时代的样貌。古墓中物品的

▷ 米诺斯和迈锡尼人的社会大多集中在宏伟的宫殿（如克诺索斯宫）周围。宫殿是社会、军事、宗教和经济的中心

△ 爱琴文明手工艺品通常以自然生动的装饰为特色，比如这只花瓶上的章鱼

数量和质量各不相同，这表明岛上存在着贫富差距悬殊的社会等级。

由于锡供应不足，基克拉底的冶金工人只能通过加工富含砷的天然铜矿石（有些铜矿石砷含量高达4%）来制作砷铜合金。这种合金工艺使他们掌握了锻造、冷锻和热加工的技术，每次可以生产出数十把匕首、斧头、镰刀、剑、矛头和其他武器或工具，甚至还能使用双面铸模。

基克拉底人以前所未有的热情追求艺术，除了生产实用工具外，还生产了大量工艺品和商品。青铜时代最早的陶器样式简单，只需在表面反复交叉、刻画或按压锯齿、三角、螺旋或线条等图案，最后抛光即可。凭借敏锐的眼光，他们发明出“煎锅”器皿，这种器皿具有仪式性或象征性的功能，有时会在上面装饰抽象的女性生殖器图案。

然而，基克拉底最令人惊叹的艺术品，当数刻画女性形象的大理石雕像。那些带有细微变化的石头，被用来雕刻理想化的女性特征。每个雕像大小不一，有的仅有20厘米高，有的几乎和真人一样大。最容易辨认的是手臂放在胸前或腹部的女性，腹部肿胀表示怀孕。这些雕像有很高的一致性，表明雕工会

△ 用黏土制作并装饰着船只图案的基克拉底“煎锅”容器

使用圆规等工具。这些雕像通常涂有矿物颜料，如用石青调制蓝色，或用铁矿石、朱砂调制红色等。在克罗斯发现的一座雕像，刻画了一位站立的长笛手和一位坐着的竖琴手，表明人们对艺术、比例和设计等文化的欣赏。

当基克拉底人通过掌握冶金新技术，开始向邻近的岛屿出口金属制品和矿石时，突然发现世界变得更加广阔。之前自给自足的社区开始展开文化交流。当他们开始大规模造船时，基克拉底雕像找到了通往大陆和克里特岛的路。公元前1900年，米诺斯文明已进入黄金时代。

人类自公元前7000年就开始在克里特岛定居，逐渐形成小村落，随后发展成更大的政治团体，拱卫在宏伟的宫殿（如克诺索斯的米诺斯宫）周围。宫殿不仅是权力和财富的中心，还是权威的体现，是用石头和泥土建造出的奇迹，中央建有砖铺路面的庭院，以精致的砖石建筑为特色。墙壁和地板上都用明亮的颜色描绘着自然、仪式和日常生活的场景。高级住宅和宫殿以宽敞的生活区、卫生设施和更好的照明通风为特色。宫殿也是宗教仪式中心，尽管大多数重要宗教活动也在清泉、洞穴和避难所这样的宗教场所举行。

荷马的青铜时代

在荷马的文学作品《伊利亚特》和《奥德赛》中，特洛伊战争是一个划时代的事件，它标志着一个时代的终结。彼时，众神和超人共存、英雄与死神决斗。大多数人拥有盔甲和青铜武器，而少数人则挥舞着铁质武器。考虑到爱琴海第一批铁剑约在公元前1200年从东方进口而来，荷马的特洛伊战争很可能发生在青铜时代晚期。

这位古代诗人在他的作品中高度赞扬了青铜，显然是出于对其神奇特性的崇敬。其中一幕是国王阿伽门农穿着一套“闪闪发光的青铜”铠甲，拿起两柄青铜尖矛。荷马写道：“矛头装着锋利的铜尖，铜辉耀灿天际。雅典娜和赫拉即刻抛出一声惊雷，向这位富有黄金的迈锡尼国王致意。”与此同时，特洛伊的王子赫克托耳穿着一身青铜盔甲，“犹如天父宙斯用盾掷出的闪电”。

荷马还描述了阿尔基努斯、墨涅拉俄斯、宙斯和赫拉在宫殿中使用青铜的情况。青铜不但有实用功能，而且有召唤众神力量的宗教功能。荷马高度赞扬了这种孕育希腊世界的材料。

△ 荷马史诗《伊利亚特》和《奥德赛》详细描述了青铜盔甲和武器，证明了金属的超自然特性

◁ 迈锡尼人的冶金业约在公元前1500年达到顶峰，冶金工人用超凡的技术制造贵重金属，比如阿伽门农的面具

宫殿还发展出一种记录文化，促使人们广泛识字。当时主要有两种文字，一是受埃及象形文字启发产生的象形文字，二是至今仍未被破解的线性文字。人们可以用这两种文字在晒干的泥板上保存行政记录，也可以用其装饰仪式性物品，如斧头模型和石碑或陶器和首饰。与基克拉底人一样，米诺斯人创作出的明亮壁画、彩绘花瓶和雕塑，表现出强烈的艺术追求。所有的形象都是年轻的男性以及留着飘逸卷发、佩戴首饰的女性。

在之后的500年里，米诺斯人迎来了繁荣的顶峰。他们拥有先进的冶金技术，可以生产出精美的粒状饰品和银丝。伴随着发达的贸易，他们出口食品、木材、奢侈品和橄榄油，同时进口锡、铜、金、银、宝石和象牙。对外贸易使其接触到迈锡尼文明。迈锡尼文明由伯罗奔尼撒的迈锡尼城而得名，是居于迈锡尼、底比斯、泰林斯和雅典等城邦中央的新兴文明。公元前1500年，随着迈锡尼文明的入侵，大陆及克里特岛遭到大规模破坏，很快走向衰落。

希腊人口不断增加，武士首领很快演变成君主。荷马后来宣称迈锡尼是阿伽门农（特洛伊战争中领导希腊人的国王）的故乡。当海因里希·施里曼在1874年挖掘出阿伽门农的宫殿时，发现了大量有价值的物品，这与荷马描述的巨额财富水平一致。受米诺斯人的启发，迈锡尼宫殿成为宗教、政治、军事和经济的中心。许多工人受雇参与宫殿的建造。男人充当铁匠、皮革工人、木匠和陶工，女人则生产纺织品。宫殿也是一个仪式中心，用来举行宴会和会议、接待贵宾。

与克诺索斯的米诺斯宫相似，内斯特宫殿统治着皮洛斯王国。这是一个由大约200个村庄和城镇组成的封建王国，占地3626平方千米。卡尔·布利根于1939年发现了这座宫殿。王国有着复杂的等级制度：最高是国王，其次是指挥官，然后是军队和行政官员组成的官僚机构。国王（也称瓦纳克斯）是一名勇士，必要时会带青铜剑和匕首亲自率领军队战斗。他的士兵用青铜矛、弓和箭作战，甚至还发明出致命的迈锡尼式的东方战车。

之后400年时间里，迈锡尼人一直统治着这个地区，进口更多的奢侈品。在这一时期，他们改进传统的冶金技术，制作首饰、贵重金属花瓶、陶器、雕刻宝石及玻璃饰品。他们进口金属矿石，也将橄榄油和葡萄酒等货物出口到克里特岛，甚至西班牙和黎凡特。

文化的繁荣也体现在基础设施建设上。迈锡尼人建造起宏伟的桥梁、坚固的防御墙及先进的排水和灌溉系统。像米诺斯人一样，迈锡尼人有线性文字B，这是早期希腊语的发端。两种文化也有共同的宗教仪式，都将音乐和舞蹈融入崇拜仪式，并在神圣的户外祭坛上献祭动物。迈锡尼的壁画、花瓶和戒指似乎都在描绘米诺斯艺术中的一位女神，也

◁约公元前3000年，当金属从东方传入时，埃及人很快就意识到它优于骨头、石头和黑曜石等已有材料

“米诺斯人创作出的明亮的壁画、彩绘花瓶和雕塑，表现出强烈的艺术追求”

许是古老的爱琴海生育女神。

迈锡尼人也向宙斯、赫拉和波塞冬等神祈祷。人们在阿伽门农墓和米尼亚斯等遗址中发现，青铜多出土于靠近寺庙的作坊中。这表明在祈祷仪式中，青铜扮演了重要角色。在多多纳，人们在橡树附近举行祭祀宙斯的仪式时会使用青铜，祭司通过三脚青铜鼎发出的声音来解释神的意志。青铜本质上扮演了宙斯及预言的角色。

不幸的是，迈锡尼人与米诺斯人拥有同样的命运。公元前1300年，大概是多利安人的入侵使希腊大陆像克里特岛一样遭到大规模破坏。迈锡尼人从宫殿中心分散到更加孤立的定居点。迈锡尼的宫殿遭到摧毁，经济陷入崩溃，最终步入一个无政府、逃亡和异化的黑暗时代。

△ 随着冶金技术在爱琴海传播，米诺斯文化蓬勃发展，人们对音乐、舞蹈、首饰和手工艺品充满热情，并在色彩斑斓的壁画中描绘庆典的场景

黎凡特和安纳托利亚的先驱

PIONEERS OF THE LEVANT AND ANATOLIA

黎凡特和安纳托利亚的冶金工人敢于涉足前所未有的领域，并推动了一场区域性的社会与文化变革。这场变革很快席卷全球

早在公元前10500年，安纳托利亚人就已使用金属和大块孔雀石制造颜料和饰品。公元前8000年，安纳托利亚人开始采矿，且已能将铜冷锻成工具。然而，安纳托利亚冶金技术的真正繁荣，是在公元前7000年人们学会熔炼、加热及锤打本地铜制成珠子和饰品后。

与此同时，在铜器时代晚期，黎凡特南部的人们开始使用金银制造物品。他们采用"失蜡法"铸造，仅用简单的开式铸模和非合金铜便可生产出斧子、凿子和锥子，同时也用富含砷与富含镍或锑的铜矿石制造合金。早期的冶炼试验效率低下，会产生黏性金属，致使大部分产品残留在炉渣中。然而，公元前4000年，黎凡特的冶炼工艺得到改进。他们使用新的助熔剂和还原剂将矿物基质完全液化，从而将铜从矿渣中分离出来。他们还将来自不同地区（比如约旦的亚喀巴）的铜与砷结合铸成合金。黎凡特人使用坩埚将铜重新熔化、提纯及铸造，随后将铜的生产过程分解为生产、提纯和合金化三个阶段。

位于死海附近裂缝里的纳哈尔·米什玛尔宝藏中，有用草席包裹的442件物品，其中包含429件铜制品以及其他贵重物品（可能是在紧急情况下从附近神殿转移而来）。宝藏中的工具是由西奈半岛的纯铜制成的，但更先进的工具由含砷量为4%至12%的砷铜合金制成。砷铜合金更坚硬，更容易铸造。这批金属制品可追溯至约公元前3500年，在种植橄榄和枣，驯养动物，制作精美的绘画、陶俑、象牙制品、碗和雕塑等许多方面都起到了关键作用。装饰性合金制品（如权杖和权杖头）虽在数量上远不及燧石工具，但却是权威的象征。

驴的驯化促进了冶金技术的发展，人们得以从更远的地方运输矿石。精英通过垄断冶金技术及资源以掌握巨大的权力，推动重商主义的蓬勃发展，进而加快城市化进程。

△ 黎凡特和安纳托利亚这两个伟大的帝国在东西方之间架起了一座文化桥梁，使货物和思想得以在整个地中海流动

随着村庄发展成城镇，再发展成城市，埃及和亚洲间的“比布鲁斯之路”沿线地区在建筑和社会结构上表现出一致性。随着乌加里特北部的城市继续繁荣发展，黎凡特南部约在公元前 2400 年达到顶峰，但此后遭遇崩溃，又再次回归乡村生活。

无论如何，他们高超的技术传播到尼罗河三角洲，甚至经由幼发拉底河传到高加索。在现今伊朗的苏萨，原始埃兰人用熔炉冶金法取代了坩埚熔炼技术，并采用失蜡法进行铸造。苏萨以制造首饰而闻名，他们制作的银吊坠上饰有赤铁矿、黄金、珠子，有时还有小鸽子，镀金小吊坠则如狗的形状。苏萨人将来自中亚的锡与铜合成颇受珍视的青铜，用于制作器皿和饰品。与此同时，人们还用铜制造武器，如斧头、匕首，以及扁斧、凿子、铲子、秤等其他工具。苏萨从中亚进口锡的贸易路线是整个金属贸易网的一部分，这一路线也将黄金和宝石运往美索不达米亚。

安纳托利亚拥有丰富的自然资源。在青铜时代早期，安纳托利亚的部分大定居点（如西北部的特洛伊和中部的阿拉贾）已达到较高的城市化水平。比如，特洛伊就建有两个巨型大门坡道，还有围绕中央庭院建造的众多街道、房屋、作坊和教堂。这些定居点在规模和多样性方面不断扩大，每个团体都由

“精英们从远方获得大量金属”

△ 铜器时代的纳哈尔·米什玛尔宝藏表明，黎凡特南部已掌握了加工铜的非凡技术，可以用失蜡法生产出数百件华丽的工具和饰品

▽ 拉斯沙姆拉发现了一尊公元前 13 世纪或公元前 12 世纪的腓尼基象牙雕像，刻画了一名打鼓的妇女

一个中央统治集团管理。

希腊海峡上的安纳托利亚人不仅统治着黑海和巴尔干半岛，还在东西方之间架起一座桥梁。精英们从远方获得大量金属，而像特洛伊和阿拉贾这样的城市，其金属储存量远超其他城市，这使其在区域中居统治地位。通过占有金属，他们垄断了知识和权威。制成青铜合金的锡必须从阿富汗或中欧进口。青铜独特的外观使其逐渐成为特殊地位的象征。

特洛伊富丽堂皇的作坊用先进的铸模和微雕技术制作出高级首饰。随着作坊的影响力不断扩大，他们可以向爱琴海、中部高原和西西里出口工具及独特的酒杯。反过来，他们也使用黎凡特独创的开槽矛头或北叙利亚的快速制陶轮大规模制陶。

“米坦尼人发展成为一个强大的王国，在赫梯边境日益壮大”

然而，在早期青铜时代末期，安纳托利亚遭到技术上低劣但数量上优越的文化的入侵。入侵者主要是赫梯人，即印欧人。他们在穿越该地区时袭击、洗劫并烧毁了定居点。随后，他们来到哈提王国（这是安纳托利亚各王国中最强大的一个，东面以马拉桑提亚河为界）定居下来，并接受了当地的文明和宗教。在局势日益动荡的情况下，亚述人撤出该地区，引发秩序崩溃和权力真空。

公元前18世纪，赫梯的“伟大国王”拉巴尔那率领以尼撒为中心的库萨尔王国崛起，征服并消灭了无数敌人，最终统治了一半的安纳托利亚。于是，赫梯旧王国诞生。虽然赫梯人说一种被称为奈西利的印欧语，但却统治着一个会用八种语言保存记录的复杂国家。公元前1650年，哈图西里一世国王定都哈图沙城，加固城墙和城门，并再次对叙利亚和美索不达米亚发起突袭。

虽然哈图西里一路侵略到阿勒颇，但他的孙子在将雅姆哈德的叙利亚王国夷为平地、将巴比伦王国洗劫一空后，于回国途中遭到暗杀，整个哈提王国陷入混乱。特别是从庞蒂克阿尔卑斯山而来的加什加人又掠夺并摧毁了王国的首都，这使本就饱受国王软弱和朝堂内讧困扰的王国雪上加霜。于是，埃及阿蒙霍特普三世趁机与居于赫梯西部的安纳托利亚之敌，签署了一项被称为阿扎瓦王国联盟的条约。

与此同时，安纳托利亚的另一敌人胡里安人，也在美索不达米亚、叙利亚和安纳托利亚东部定居下来。约公元前2200年，即阿卡德王国覆灭前不久，胡里安人作为阿卡德王国的成员戏剧性地登上历史舞台。乌尔王朝崩溃后，至公元前16世纪，新兴的由印度－伊朗人统治的米坦尼王国将各个胡里安人小国统一起来，米坦尼人成为叙利亚北部王国的统治者，并在赫梯边境日益壮大。这两个国家持续不断地发动战争，侵略对方的附属国，掠夺甚至摧毁对方首都。这是一场你死我活的战斗。

尽管埃及的图特摩斯三世宣称他拥有强大的力量足以对抗米坦尼王国，但公元前15世纪在国王萨乌什塔塔的统治下，米坦尼的

△ 黎凡特南部的金属加工技术传播到原始埃兰人的首都苏萨。在那里，工匠用阿富汗进口的锡制成青铜合金，并将其视为贵重金属

△ 在公元前 13 世纪的卡迭石战役中，赫梯人以一己之力对抗埃及人，迫使其承认安纳托利亚人的平等地位

势力达到新高度，萨乌什塔塔洗劫了亚述最初的首都亚述城，并向西横扫了地中海沿岸。埃及后来进一步认可了米坦尼王国在卡迭石以北、奥龙特斯河以及阿姆鲁和乌里加特海岸的领地。米坦尼人生产并出口铁，图什拉塔曾送给阿蒙霍特普三世一把神圣的铁匕首，刀身覆盖着 340 克黄金，刀柄用青金石制成。此外，阿蒙霍特普四世也得到了 10 枚含有 30 谢克尔黄金的铁戒指，这很可能是从埃及当地购得的。

公元前 14 世纪中期，赫梯人扭转了局面。国王苏庇路里乌玛一世平定北部，夺回首都，随后越过幼发拉底河。此时米坦尼正被内讧吞噬，苏庇路里乌玛趁机收买了米坦尼所有的叙利亚盟友，劫掠其首都瓦苏卡尼，最终瓦解了整个王国。这场战役的高潮是在卡赫美士城陷落后，米坦尼国王图什拉塔被自己的儿子暗杀。此后，苏庇路里乌玛一世的继任者继续征服阿扎瓦。

赫梯军队大多是步兵和战车兵，后者来自上层阶级。战车由三人驾驶，他们使用复合弓和长矛在敌人的防线上打开缺口，以便手持青铜镰刀和战斧的步兵突袭，杀掉惊恐的守军。公元前1274年，赫梯人为卡迭石战役聚集了惊人的3700辆战车和4万名士兵，成功战胜了埃及人，并迫使其在公元前1258年签署了世界上第一个和平条约，承认赫梯人与其享有平等的地位。

赫梯人接管了一个有冶金传统且矿产丰富的地区，得以制作盔甲、武器、工具、小雕像和新奇物品，例如银鹿形的饮水角和拳头杯。工匠们会试验各种各样的成形技术，从抛光、加工金银细丝到制粒，以及各种镀金、电镀和铜焊的技术。他们的盘子上刻着象形文字，并用狮身人面像、生命之树、大自然的暴力场景和狩猎探险场景作为装饰。

此外，他们还通过铸造及锤打，制作工具、武器、雕像和化妆用具，并在上面刻写文字。不久，一个青铜矛头上便刻着国王阿尼塔的名字，一把剑献给冥神内尔格勒，另一把剑则纪念图塔利亚二世战胜西部阿苏瓦联盟。斧头上还有浮雕，如在平滑的背景前刻画着真实和幻想中的野兽。他们甚至将条约刻在金属上，比如图塔利亚四世和塔亨塔萨国王库鲁塔之间的条约。有段记录提及一把价值连城的匕首，称其“前端闪闪发光，像一颗水晶”。还有一些库存清单上列出了金银项链、铜浴缸、铙钹、别针、黄金吊坠、珠子和装饰有金银饰品的服装等，明确显示出其雄厚的财力。工匠们甚至为库萨尔国王阿尼塔铸造了一个铁王座。

然而，随着米坦尼王国的消失，亚述人变得越来越强大，这使赫梯人感到全方位的军事威胁。随后，亚述人从东方袭来。至公元前1200年，哈图沙被毁，赫梯四分五裂，只留下个别王朝孤守在卡赫美士等少数皇家领地之内。

话题回到黎凡特。此时，一个新的社会

◁ 作为东西方之间的桥梁，腓尼基人极大地影响了希腊文明的发展，包括科学、文学和管理，甚至字母

乌加里特王国

旧石器时代早期，人类定居在叙利亚的西北海岸。至新石器时代这些定居点已发展成散落的村庄。青铜时代早期，拉斯沙姆拉村诞生了冶金文化，生产出青铜矛头、匕首、平斧、针和首饰。在埃及古王国时期结束和阿卡德帝国崩溃后，各种游牧民族（如亚摩利人）的到来使乌加里特王国再次迎来繁荣。

公元前 2000 年，位于拉塔基亚以北约 11 千米的村庄已发展成迦南王国最强大的港口城市乌加里特。它是埃及、亚述、赫梯和美索不达米亚之间的战略枢纽，在财政及文化上繁荣发展，成为近东的贸易中心。在大动荡时期，它为商业的稳定提供了保障。当地居民拥有自己的闪米特文字，会用神话文本颂扬埃尔、巴尔和阿娜特等神。此外，他们还认为国王是巴尔在人间的代表。

公元前 1400 年一前 1350 年，乌加里特王国一直是埃及的附属国。在赫梯国王苏庇路里乌玛击败米坦尼后，乌加里特很快又成为赫梯的臣民。尽管乌加里特很富有，但缺乏军事实力，他们只能提供资金而非男人。不久之后，这座城市很可能遭到海洋民族的掠夺和破坏，最终被遗弃。

◁ 乌加里特首都拉斯沙姆拉已存在 6000 年，尽管它缺乏军事实力，但已发展成黎凡特全能的港口城市和贸易中心

已在灰烬中崛起。当北部迦南人的乌加里特王国崩溃在即时，南部的新星正在冉冉升起。以黎巴嫩山脉为边界，在叙利亚和地中海之间，一种新的文明正沿着 161 千米长、16.1 千米宽的海岸线蓬勃发展。至埃及第六王朝时，黎凡特已成为世界的中心，原本资源贫乏的城市已发展成地球上最繁忙、最富裕的贸易中心。

黎凡特不是统一的国家或帝国，而是由相互竞争的大城市组成的联盟，包括提尔、西顿、比布鲁斯和艾尔瓦德等城市。这些城市均拥有各自的势力范围。随着青铜时代的乌加里特、哈提和埃及等大国的崩溃，这些城市从埃及的枷锁中解放出来，很快成为地中海的领主。他们拥有卓越的冶金传统，可以制造武器、工具、首饰和饰品。此外，他们的工匠大师也精通木材、象牙、珐琅和玻璃等材料的加工工艺。在公元前 1000 年完善冶铁和炼铁工艺之前，黎凡特人就已掌握了制造丝线、复丝、金箔和制粒的技术，并在铁器时代得到繁荣。

然而，黎凡特最著名的产品要数提尔妇女编织的织物。人们将这些织物用软体动物（有时也会使用粉末）染成紫色。希腊人后

来将自称迦南人的群体称为“腓尼基人”，就缘于其标志性的紫色染料。这种颜色色彩艳丽，常用于为各国皇帝和国王的长袍染色。腓尼基人于公元前1200年建造出巨大的、极具特色和开创性的船只，开展海上贸易。这种船只能够远距离运输大量货物。在迈锡尼文明衰落后，腓尼基人成为世界上第一批真正的航海家，开创出领航、货流和航海的艺术。

腓尼基船只树立了新的标准：船身细长，长达21.3米；船头锋利，有别于传统向内弯曲的船头，方便乘风破浪；船帆巨大，呈长方形，高高升起后，可减轻船夫的负担。他

△ 当赫梯人忙于对付东方的敌人米坦尼王国时，一群反赫梯领袖在安纳托利亚西部联合起来，形成了阿扎瓦王国

▽ 赫梯人不仅获得了丰富的资源，还继承了冶金传统，包括各种成型、镀金、压花和铜焊技术

们还发明了支撑船头至船尾结构的龙骨，以及加固船体的榫卯接头。

赫梯人还创新出海商法的概念、运输船只的标准及桅杆瞭望台等。他们甚至发现了北极星，从而可在夜间更精确地航行。随着航程不断变远，他们在地中海世界的塞浦路斯、撒丁岛、西西里岛、伊比利亚、马耳他以及北非的乌提卡和迦太基建立起殖民地、基地和贸易中心。他们精湛的航海技术甚至可以穿过海格力斯之柱。此外，他们还沿着非洲东海岸发现了加那利群岛和好望角。

随着贸易网的扩大，腓尼基人可以进口东方的谷物、葡萄酒和宝石，黑海的铅、黄金和铁，塞浦路斯的铜、柏树和玉米，以及非洲的象牙和西班牙的白银，并将这些产品出口到世界各地。他们能航行到不列颠群岛获取锡，到西班牙伊比利亚获得大量银，甚至可以用银锚取代铁锚和石锚。

腓尼基人除极具创新能力外，还很残忍。他们奴役伊比利亚居民采矿，命令其开采大量的银、铁和铜。此外，还命令他们将这些原材料与粗加工和可回收的金属一起装仓出口。许多殖民地人学会生产铜、青铜、锡和金之后，腓尼基人又将更先进的提取、加工和熔炉技术教给他们。腓尼基人还在华丽的船上装置攻城锤，充当海盗，偷窃货物，奴役船员。有时，他们甚至会诱骗当地人登船，将其掳为奴隶。他们还在伊比利亚大规模生产转轮陶器，在迦太基建造船只，并将古迦太基字母标记其上。

这个庞大的帝国在东西方之间形成了一个文化纽带——学习埃及、克里特岛和近东的艺术和科学，并将它们传播到希腊、意大利、西班牙和非洲。很快，整个地中海的人们都成为美索不达米亚的文学、天文学、度量衡的受益者。在埃及象形文字传播伊始，腓尼基人就用乌加里特字母创造出一种拥有 22 个字母的新文字。与美索不达米亚和埃及字母不同，腓尼基字母易学，无须由专业的抄写员教授。这种民主化交流，精简了契约和通信形式，促进了高级文化的大规模传播，进而推动了重商主义的发展。

公元前 1100 年后，人们对保存记录的需求增加，美索不达米亚沉重的传统泥板已经过时。相反，黎凡特最古老的城市和宗教之都比布鲁斯能够进出口大量纸莎草纸，希腊人后来将这种纸命名为“biblos”，《圣经》

安纳托利亚西部的敌人

赫梯旧王国控制了安纳托利亚中部和东部，与此同时，西部的王国联合起来组成了阿苏瓦同盟。约公元前 1430 年，赫梯人入侵阿苏瓦，对其发动了长达 30 年的战争，最终取得胜利。他们在解散同盟后，将阿苏瓦国王父子、1 万名士兵、600 匹马和无数辆战车掳回赫梯首都。

米坦尼王国在东方的出现，对赫梯人造成了严重且持续的生存威胁，削弱了其对西部的控制。此时，一位叫乌哈齐蒂的地方领袖趁机召集起该地区的主要力量，创建起阿扎瓦王国。阿扎瓦的影响遍及整个安纳托利亚西部，其首都为阿帕萨，即现今土耳其的以弗所。阿扎瓦也得到其他地区势力的支持，比如“阿希亚瓦”（或指迈锡尼世界的一部分）。埃及人也将阿扎瓦视为一股强大的势力。

然而，一旦米坦尼王国灭亡，赫梯人便将注意力再次转向西方。公元前 1305 年，赫梯国王穆尔西里二世出征阿扎瓦，在阿斯塔帕河粉碎敌军，包围了阿帕萨。当阿扎瓦国王乌哈齐蒂逃到爱琴海群岛时，穆尔西里已消灭了所有残存的抵抗力量，并吞并了阿扎瓦王国。他将阿扎瓦一分为三，每个部分都由忠于自己的阿扎瓦王子管理。

“很快，整个地中海的人们都成为美索不达米亚的文学、天文学、度量衡的受益者”

的英文“bible”就是由“biblos”演变而来。比布鲁斯以南 80.5 千米的西顿是一个防守严密的大都市。但最大的城市是提尔，那里有一大批来自世界各地的商人和奴隶。在黎凡特，每座城市都崇拜自己的守护神，他们是国王和生育之神的祖先。在比布鲁斯，女人们要么向伊师塔尔（主管爱情的女神，与后来的阿芙洛狄忒同义）献上自己的秀发，要么在神庙里把自己的童贞献给第一个准伴侣。

除了用腓尼基来命名北极星（腓尼基星）外，希腊人后来还从腓尼基语中借用了很多词汇。腓尼基字母本身构成了希腊语的基础，相应地也构成了“西方”的基础。他们还从腓尼基的众神、宗教体育节日和体育场馆中获得灵感。腓尼基的政体由长老理事会和人民大会组成，这也成为早期希腊城邦政府的范本。

置身青铜时代帝国阴影中的腓尼基人，之后又迎来数个大帝国。他们先是被波斯人占领，王国一分为四；后又被亚历山大大帝征服。与此同时，他们还见证了希腊的崛起和罗马的诞生。

△ 公元前 1450 年—前 1365 年，乌加里特的金碗

苏联沙漠的秘密

PIONEERS OF THE LEVANT AND ANATOLIA

20 世纪 70 年代，一位苏联的考古学家在中亚沙漠发现了青铜时代文明的历史记录。他的研究在铁幕倒塌之后才为人所知

历史总是充满惊喜。苏联在 20 世纪 80 年代末解体时，人们发现了维克托·伊万诺维奇·萨瑞阿尼迪的研究。萨瑞阿尼迪是一位出生于乌兹别克斯坦塔什干的希腊裔苏联考古学家。他的研究从 20 世纪 70 年代就被隐藏于铁幕后，20 世纪 90 年代才得以公之于众。他的研究揭示了一个令人吃惊的结论：中亚有一个不为人知的青铜文化，它与印度河流域的文明、伊朗高原和波斯湾文化以及欧亚大草原文化存在着联系。

中亚的十字路口位于卡拉库姆沙漠漆黑的沙地上。卡拉库姆是一个不断变化与扩张之地，人们已在南极洲和格陵兰岛发现了随风而去的卡拉库姆的微粒。丝绸之路曾穿过沙漠、绿洲城市梅尔夫（今土库曼斯坦的马雷）和闪闪发光的河流城市阿莫勒（今土库曼纳巴德）的“肥沃土地”。沙漠东北部的阿姆河（经典著作中常称之为奥克斯河）是根据阿穆尔这座古城而命名的。对于阿姆河对岸的土地，罗马人称之为“河中地区”，阿拉伯人称之为“河外之地”，波斯人则称之为“河流之外”——这些名字都被翻译成“（奥克斯）河对岸”。对古代伊朗人来说，河对岸的土地是图兰，这也是伟大的波斯史诗《列王纪》中提到的那个半传奇勇士王国。

在 19 世纪到 20 世纪初，图兰是一个有争议的概念。传统上，人们认为图兰人是雅利安人的“对立面”。图兰这个名字取自古伊朗人最古老的阿维斯陀语经文。对伊朗人来说，图兰人就是局外人和叛教者，是光明的黑暗面：虽然传说中的先知琐罗亚斯德来自河对岸的土地，但伊朗人也没有遵循古老的琐罗亚斯德教。萨瑞阿尼迪相信他的发现支持了这一传说，声称该地区是“琐罗亚斯德教的发祥地，也可能是琐罗亚斯德本人的故乡”。

19 世纪，法国贵族、种族主义的倡导者阿瑟·德·戈比诺故意曲解了印度雅利安人的文本，炮制出金发碧眼的雅利安人是“优

> “青铜时代的人们在这个地区定居下来，彬彬有礼，技术娴熟”

▷ 这是用绿泥石和石灰石雕刻而成的一尊名为“巴克特里亚公主”的青铜时代的雕像。人们认为她可能象征着巴克特里亚人崇拜的神秘女神

等种族”的错误观念。这一欺骗性的观点后来被德国纳粹利用。由于雅利安人的对立面就是图兰人，19 世纪中期一位被误导的种族人类学家曾指出，图兰人“并非天生的野蛮人，而是本质上的野蛮人。他们不像野兽那样简单地生活，但也没有充分衡量人们的道德天赋和智力天赋”。直至后苏联时期，当西方国家公布出萨瑞阿尼迪的发现后，人们才意识到他的研究“证明了中亚的阿姆河流域和尼罗河、印度河以及底格里斯河—幼发拉底河流域一起构成了城市文明的四个发源地”。（萨瑞阿尼迪后来修订了这一说法，承认中国也是文明的摇篮。）

萨瑞阿尼迪的研究表明，这一地区在青铜时代并非传说中那样是一个神秘、野蛮和落后的游牧社会。他们有固定居所、彬彬有礼、技术娴熟、有教养且擅长外交。在该地区及其贸易伙伴地区出土的手工艺品表明，他们与青铜时代的伊朗、印度和包括埃兰、哈拉帕在内的欧亚大草原的类似文明都有着商业

首都？

这座被萨瑞阿尼迪称为马尔古什的小镇，宛如宝石一样镶嵌在灌溉土地上，为当时众多的人口提供食物。萨瑞阿尼迪认为，这里就是巴克特里亚—马尔基亚纳考古复合体的首都，今天人们可以前往土库曼斯坦的古诺尔特佩遗址一窥尊容。最初的城镇建在城墙后面，由一座“奇拉”城堡（这个词在波斯语中是“堡垒”的意思，这些建筑在古代伊朗、土耳其、阿塞拜疆、阿富汗、土库曼斯坦、印度、巴基斯坦，以色列的部分地区都很常见）统治，可容纳数千人。街道两旁是土坯泥砖房，每家都有几个舒适、宽敞的房间，无须挤在质量低劣的小房子里。当地还有一个水库供水系统，两个排水系统。萨瑞阿尼迪认为其中一个排水系统可正常使用，另一个只用于宗教仪式时的沐浴，尽管这一点受到琐罗亚斯德教研究者的质疑。此外，琐罗亚斯德教研究者同样不认同萨瑞阿尼迪的另一个观点，即他断言在该地发现的一座（他描述为“教堂大小”）建筑是琐罗亚斯德教火神庙。建筑内部有罐子和其他容器，里面有大麻、鸦片和麻黄的痕迹，人们认为这是一种古代药方的成分，印度教的《梨俱吠陀》称其为“苏摩”，琐罗亚斯德教的《阿维斯塔》称其为“豪摩”。琐罗亚斯德教研究者认为，该遗址并不属于琐罗亚斯德教，它供奉的可能是更早的印度－伊朗火神。

△ 青铜时代土库曼斯坦的古诺尔特佩遗址。萨瑞阿尼迪相信这个面积达 4001 平方米的巨大遗址是巴克特里亚—马尔基亚纳考古复合体文明的首都

联系。人们相继发现了宫殿、寺庙或其他纪念性建筑等考古遗迹，以及宗教雕像、首饰、工具、精美金属制品、转轮陶器等物质文化。在这些物品中，甚至还有刻有中国式文字的石头印章，这也为其现存的文字文本提供了诱人的线索。随着尘土飞扬的卡拉库姆的秘密逐渐揭开，萨瑞阿尼迪将沙子下的黑土地命名为“巴克特里亚—马尔基亚纳考古复合体”（BMAC）。

河谷和沙漠中的绿洲使巴克特里亚—马尔基亚纳考古复合体成为后来丝绸之路的一条理想路径。丝绸之路是连通亚洲、非洲和

▷ 这座在巴克特里亚—马尔基亚纳考古复合体发现的神秘雕像，经常被称为“丑陋的男性形象”。他用右臂夹着喇叭，与吉罗夫特文化有很强的相似性。人们经常将古伊朗和巴克特里亚—马尔基亚纳考古复合体联系在一起

△ 双峰驼的青铜雕像。当地骆驼曾用于骑乘及牵引考古学上已知最古老的轮式车辆

△ 考古学家维克托·萨瑞阿尼迪并不认为驯化马在巴克特里亚—马尔基亚纳考古复合体文化中特别重要，但这个青铜斧头表明巴克特里亚人有家养马

黎凡特之间的一条重要的贸易路线。在铜器时代晚期和青铜时代早期，巴克特里亚人靠短暂的贸易活动致富。萨瑞阿尼迪认为，今天的丝绸之路就是青铜时代青金石贸易的主要路线。公元前 7000 年，人们已经开始在资源丰富的中亚地区（如阿富汗）开采这种半宝石的蓝石头。这种石头在青铜时代的美索不达米亚、古埃及、印度河流域及高加索大草原的文明中非常受欢迎。

巴克特里亚人控制了大部分贸易路线，并经常从过路者处获得新技术。已知最早的灌溉技术始于公元前 6000 年的伊朗，但经过巴克特里亚—马尔基亚纳考古复合体的传播，这一农业技术沿青金石贸易路线已被很多地区掌握，以致许多古典和中世纪的作家用“葱翠的绿色”和“肥沃的土壤”来描述这个地区。10 世纪的伊朗作家伊斯塔赫里这样描述公元前 3000 年的撒马尔罕：“那里有最好的树木和水果，每家都有花园、蓄水池和流水。”

最初，青铜时代的巴克特里亚—马尔基亚纳考古复合体地区的人们种植小麦、果树、葡萄和大麦，他们还驯服了牛和两种绵羊，以及一种最先在东南亚驯化的猪，这表明最初的家畜是从外地运来的。之后相继出现其他家养动物：绵羊、山羊、狗、土生土长的骆驼（可用于拉车），甚至还有一两匹奇怪的马，这都

“许多古典和中世纪的作家用葱翠的绿色来描述该地区”

得益于与大草原的辛塔什塔和安德洛诺瓦文化的贸易联系（尽管没有证据表明马是青铜文化的主要组成部分）。很久以后，希腊哲学家斯特拉博（生于小亚细亚）发表了一条令人毛骨悚然的言论：为了捕猎和吃掉被驱逐出巴克特里亚社会的年老体弱者，巴克特里亚人养了一种被称为“殡仪者”的狗。斯特拉博在其著作《地理学》中写道，有人说巴克特里亚的城镇外面看起来干净整洁，但墙内的泥砖房之间的街道上铺满了狗啃过的骨头。他认为亚历山大大帝制止了这种行为。但人们从未发现这种奇异的古城传说的证据。

人们已经发现了一尊名为“巴克特里亚公主”的雕像。雕像的命名仍与亚历山大大帝有关，因为后世历史学家认为，世界上最著名的巴克特里亚公主当数亚历山大的妻子罗克萨娜。人们认为这些青铜时代的女性人物是古老的异教女神。雕像由石头和泥土制成，像儿童玩偶那么大，穿着精心设计的长袍，头饰与头发融为一体。但最有可能的原型是古印度－伊朗的女火神，即印度南部太阳女神塔帕蒂、斯基泰的女火神塔比蒂（希腊历史学家希罗多德将其等同于希腊灶神赫斯提亚）及阿维斯陀语的单词“塔佩蒂”（“燃烧”）。

在巴克特里亚—马尔基亚纳考古复合体地区发现的火神庙遗址，可能早于传统的琐罗亚斯德教，最初应该是用来献祭神秘的女火神的。事实上，不同民族信仰不同神灵，由此很容易引发信仰间的冲突，这或许可以解释信仰琐罗亚斯德教的伊朗人和所谓的异教徒巴克特里亚人之间的固有敌意。不过，“巴克特里亚公主”雕像表现的是民俗性，而非宗教性。有证据表明，有些巴克特里亚人信奉更加常见的宗教，特别是早期的琐罗亚斯德教、印度教和佛教。不过，考古学家也经常在住宅内的特殊房间发现公主雕像，这表明公主神像同样被供奉在各家的神龛中。

无论巴克特里亚的神是谁，人们一定会感谢他赐予了丰富的、联系紧密的、先进的青铜文化。巴克特里亚的原始城市整洁、安全，农场岁稔年丰。巴克特里亚人的生活因节省劳力的设备而便利；他们的金库因过往的贸易而充盈；他们的仓库装满了谷物和美酒；他们神秘的宗教仪式使用由大麻、鸦片和麻黄组成的燃料。现在萨瑞阿尼迪的发现已公布于众，期待有更多关于巴克特里亚—马尔基亚纳考古复合体迷人的生活和文化的发现问世。

△ 这个雕塑的头饰明显是巴克特里亚式，人们认为它代表了一批特殊的琐罗亚斯德教教士——可以主持宗教仪式的“家庭僧”

阿卡德帝国

THE AKKADIAN EMPIRE

世界首个帝国的壮丽崛起与迅速衰落

▷ 阿卡德帝国无情地征服了美索不达米亚所有的反对派，也试图同化那些被征服者

当阿卡德的萨尔贡国王率领五千大军试图征服苏美尔的乌鲁克城时，他面对的是当时世界上最大、人口十倍于己方军队的城市。然而，这却成为世界历史上一个具有里程碑意义的时刻。阿卡德与苏美尔两大王国间的力量平衡奇迹般地发生了转移。萨尔贡国王不仅夺取了苏美尔的34座城市，而且俘虏了苏美尔国王卢加尔扎克西。通过征服邻国，萨尔贡建立起一个中央集权的多民族国家。这就是世界上首个帝国，位置大体在今天的伊拉克。

国王萨尔贡的崛起是惊人的。他最初担任基什国王的斟酒人，后来被任命为园丁，肩负清理灌溉的重要职责，确保农作物在炎热的美索不达米亚生长。这个工作使萨尔贡接触到一支纪律严明的工人队伍——这随后成为其军队的基础，最终助其在公元前2334年夺取了王位。

萨尔贡虽已成为美索不达米亚数个王国的统治者之一，但他还有更大的野心。他不仅征服了南方的苏美尔地区，还发动了一系列对邻国的战争，占领它们的土地并将其合并成一个国家。至此，他的势力范围西至叙利亚和迦南，到达地中海，甚至可能跨越水域到达塞浦路斯；东至埃兰人的城市及现代伊朗王国的领地；北至安纳托利亚山脉（现在的土耳其）；南至马甘（现在的阿曼）。

然而，阿卡德帝国的军队并没有轻易接受萨尔贡的指挥。埃兰和亚述爆发了叛乱，帝国军队严酷地镇压了所有反对派，并任命

帝国的战场

揭开美索不达米亚的面纱，这片土地曾被古代帝王们争夺。

不幸的是，发生在美索不达米亚的冲突并不鲜见。美索不达米亚在阿卡德帝国时期有着短暂的繁荣，随之而来的是古田人统治下的黑暗时代，没有任何证据证明这个时代存在光明。不管怎样，前阿卡德帝国的人民最终联合成两个存在时间很长的国家：北方的亚述和南方的巴比伦。

巴比伦于公元前539年第一次被阿契美尼德王朝——来自东方的波斯入侵者——所征服。下一批侵略者是公元前332年来自西方的亚历山大大帝。亚历山大大帝去世后，美索不达米亚成为希腊塞琉古帝国的一部分。

公元前150年，当美索不达米亚被帕提亚帝国控制时，钟摆又摆向了东方。在幼发拉底河和底格里斯河之间的肥沃土地上，罗马人和帕提亚人之间的战争持续了几个世纪。直到公元7世纪上半叶，穆斯林征服了黎凡特，美索不达米亚被西部的罗马拜占庭人和东部的萨珊波斯人一分为二。随后它又遭到蒙古人入侵。直到20世纪，这个帝国的战场才平静下来。

△ 在阿卡德帝国统治500年后，美索不达米亚最著名的统治者——巴比伦的汉谟拉比控制了该地区

△ 在阿卡德的邮政系统中，人们使用圆筒形的印章来封信，比如这枚描绘着端坐的水神和智慧之神的印章

忠诚的阿卡德政府官员管理被征服者。

萨尔贡之所以能够建立并长期控制广阔的国土，得益于他的长寿——在位长达56年之久。在他继任者的领导下，阿卡德帝国继续发展壮大。一般来讲，当长期在位的君主去世后，国家内部大多会发生动荡。不过，萨尔贡的两个儿子瑞穆什和玛尼什图舒镇压了诸多叛乱。实际上，相比来自其他国家的威胁，瑞穆什和玛尼什图舒受到更多来自国家内部的威胁——因为他们最终都是在宫廷阴谋中被朝臣暗杀的。

当玛尼什图舒的儿子纳拉姆辛在公元前2254年继承王位时，阿卡德帝国再次制定了征服战略。新国王纳拉姆辛相继征服了叙利亚王国的埃布拉和阿玛奴姆。之后，他的军队继续冒险深入安纳托利亚，迎战赫梯人。纳拉姆辛在位36年，缔造了帝国的鼎盛时期，也使阿卡德帝国迎来了以征服为主题的第二个黄金时代。

阿卡德帝国不仅拥有一支强大的军事力量，还拥有繁荣的经济，尽管它几乎完全依赖于农业。两条肥沃的土地带让阿卡德帝国成为该地区的天然粮仓：一条在美索不达米亚北部，依靠雨水灌溉；另一条在南部，依靠运河维持生产。粮油配给由国家定量控制并由标准化的容器分配。如此，一个产粮区出现短缺时，另一个则可予以补充。

农民交税的方式多样，不仅可以将农产品上交国家，还可以参与修建公共工程——比如修建城墙和寺庙，或在秋天对灌溉沟渠进行大扫除。牧民可以在运河附近放牧绵羊和山羊，但必须上缴羊毛、肉、牛奶和奶酪完成交税。

阿卡德帝国虽然有丰富的粮食，但它缺

“他不仅自封为‘四方之王’，还被提升到神的地位”

乏其他资源，尤其是金属、木材和石料。它侵略其他国家的原因之一就是希望获得可靠的资源供应。比如安纳托利亚的金牛座山脉有银矿，马甘有铜矿，阿富汗有青金石，黎巴嫩有木材。

为了确保家族牢牢把控王位，阿卡德国王们通过任命家族成员来控制国家。他们把自己的儿子任命为各州长官，把自己的女儿嫁给其他帝国的统治者。萨尔贡和纳拉姆辛的两个女儿也被任命为高级女祭司，这意味着他们家族的权力已向南渗透至乌尔的苏美尔神庙。

阿卡德人还试图同化被征服的国家，进而建立一个统一的国家。阿卡德语成为美索不达米亚的主要语言，尽管许多人会说两种语言，且更习惯说苏美尔语。帝国之间的通信可以通过支持邮政服务的公路网实现。黏土信封的外面装着刻有阿卡德文字的泥板，信封上标有收信人的姓名和地址，并盖有发信人的印章，只有指定的收信人才能拆开信封，阅读内容。美索不达米亚采用了一种特殊的日历——每年都根据国王所做的某件事命名。

然而，我们并不太了解阿卡德的首都。阿卡德的位置仍然笼罩在神秘面纱之下。“阿卡德”这个名字并不来自阿卡德语，这表明这座城市在萨尔贡和他的帝国崛起之前就已存在了。阿卡德首都最有可能在底格里斯河畔，即现在的萨马拉和巴格达之间的某个地方，该区域有130多千米有待探索。

无论纳拉姆辛的宫殿位于何处，他的权力之大是毋庸置疑的。他不仅自封为“四方之王”，还被提升到神的地位，甚至建立了自己的庙宇。人们将国王神化并不鲜见——数世纪前统治乌尔克的格伽美什就有过类似情况——但这是首次将国王直接视作神。一篇名为《阿加德的诅咒》的古籍讲述了一位神化后的国王（后世认为就是纳拉姆辛）拆毁尼普的伊利尔神庙而激怒了众神。

不管是否受到了神的惩罚，在纳拉姆辛去世仅64年后，阿卡德帝国便轰然倒塌。纳拉姆辛的儿子沙尔·卡利·沙利面临着苏美尔地区的古铁人持续不断的袭击。这个游牧民族生活在扎格罗斯山脉，他们坚持与阿卡德人打游击战，使阿卡德的军队无法占领他们的城市和土地。由于长期身陷与这种新型敌人的战争，国家的经济实力逐渐遭到削弱，高税收被用来支付与古铁人之间的军事行动，最终导致帝国其他地区的动荡和叛乱。

沙尔·卡利·沙利死后没有继承人，阿卡德帝国及首都周围陷入一片混乱，帝国内部因王位之争而进行了三年的战争。杜杜最终赢得内战。之后他的儿子

◁ 有人认为伊拉克国家博物馆收藏的这件真人大小的青铜头像是萨尔贡或纳拉姆辛的头像

舒·图鲁勒继承了他的王位。然而，两位国王都没有能力扭转阿卡德帝国的颓势，最终还是古铁赢得了胜利。

曾经伟大的帝国突然崩溃。其中一个原因是，帝国完全依赖于个人领导。萨尔贡和纳拉姆辛或许有能力建立并统治广阔的领土，但其他继承者却未必如此。一些科学家提出了另一种原因——阿卡德帝国的最后几年，国家正好由于降雨量减少而长期处于干旱状态。

考古证据表明，几座苏美尔城市在阿卡德晚期遭到遗弃。对叙利亚泰勒·雷兰遗址的挖掘显示，在经济繁荣时期人们建造了大量城墙和寺庙，但不久，这座拥有2.8万人口的城市却毫无人类活动的踪迹。土壤样品表明，细沙覆盖了地面，且没有通常存在于肥沃土壤中的蚯蚓活动的痕迹。同一时期，附近的泰勒·布拉克的城市规模也缩小了75%。

如果在美索不达米亚也发生了类似的事件，阿卡德帝国的经济就会直线下降。首先，农业产量会大幅下降；其次，人们会为了寻找可靠的水源而离开城市；最后，贸易也会崩溃。因此，国王将没有能力对一个庞大的帝国进行集中控制，人们对阿卡德的忠诚也会像水分一样迅速蒸发。

无论阿卡德帝国轰然崩塌的原因为何，它仍然是世界上首个帝国，是帝国史上一座短暂却具有历史意义的里程碑。这段历史使萨尔贡国王成为后来包括奥古斯都和成吉思汗在内的杰出帝王的前辈——对于一个前皇家斟酒人来说，这是一个不错的成就。

▽ 20世纪60年代出土的巴塞特基铜像底部的铭文表明，它曾经矗立在纳拉姆辛的宫殿门口

英国和大西洋的青铜时代

BRITAIN AND THE ATLANTIC BRONZE AGE

随着英国和其他大西洋国家步入青铜时代，新的埋藏仪式、手工艺品和迁移趋势彻底改变了这一地区

当青铜时代像飓风中的野餐毯一样席卷全球时，不同文明对这个时代的反应也各不相同。不过，处于青铜时代（或称大西洋青铜时代）的英国、爱尔兰、法国、西班牙和葡萄牙，却并无太多区别。虽然这些国家散布在数千千米的陆地或海洋上，但在文化综合体内的发展趋势却非常相似。

大西洋青铜时代流行一种仪式性埋藏囤积物的做法。通过挖掘青铜时代的遗址，现代历史学家发现，古人喜欢在地下埋藏大量金属，包括武器、硬币、首饰等。这些囤积物通常存放在宗教仪式区，置于河流、湖泊和沼泽等易于挖掘的湿地下。尽管这种做法听起来有些荒谬，但多年来历史学家已对此给出了许多解释。最常见的解释是：埋藏东西是一种让它们在不确定的时间内保持安全的最好方法，之后可再挖掘出来。不过，埋藏的物品并不总能找回，这与之前的解释相悖。人们甚至认为，许多人埋藏物品后，并未打算取回。

埋藏囤积物是青铜时代不列颠群岛的普遍做法，后来逐渐传播到大西洋文化综合体的其他地区。这一做法在公元前1000年—前800年间达到顶峰，随后虽略微衰落，但并未完全过时，一直持续到铁器时代，甚至罗马时代。直到今天人们仍在进行相关挖掘。比如著名的弗罗姆宝藏，是2010年由当时的业余金属探测爱好者戴夫·克里斯普在萨默塞特的弗罗姆发现的。宝藏的容器中发现了世界上最大的罗马硬币收藏（共有52503枚）。克里斯普也因此不再只是业余爱好者，他撰写并出版了处女作《金属探测：开始之前你要知道的一切》。

考古学家和金属探测爱好者合作多年，已联手成功挖掘出许多青铜时代的宝藏。尽管大多数宝藏很像弗罗姆宝藏，都是由大量硬币组成，但货币并非古人唯一埋藏的物品。有些人也埋藏其他青铜制品，包括斧头、战

△ 英国和欧洲的考古学家已挖掘出数千件青铜时代的手工艺品，每一件都曾为这个时代带来新的曙光

争武器（如月形矛头）、V形缺口盾牌和剑，以及高级宴会设备（如铰接烤肉工具、肉钩和大锅）。

自18世纪以来，从康沃尔和萨默塞特到丁沃尔和安格斯，英国各地都发现了青铜时代的宝藏，仅在英格兰就发现了350多个。最早的是1735年在怀特岛发现的阿里顿地下宝藏，目前正在伦敦大英博物馆展出。该宝藏可追溯到公元前1700年—前1500年，它相对较小，由7个青铜矛头、4把斧头、1把匕首和1把戟组成。

宝藏的大小各不相同，有些只包含少量精选的金属碎片，有些可能聚集了整个村庄的青铜制品。迄今为止，英国最大的青铜时代宝藏是由威廉和阿瑟·霍顿兄弟于1959年在英国剑桥郡发现的艾尔斯汉姆宝藏。这个宝藏的时间可追溯到公元前1000年，包含多达6500件已加工和未加工的青铜器，物品包括青铜剑、矛头、箭、斧，青铜时代特有的斧头、刀、匕首、盔甲和装饰马具，甚至青铜薄片的碎片。

宝藏各不相同，从中可以一窥青铜时代人们的生活。有些宝藏引人注目，有些宝藏却极为普通。在威尔士雷克瑟姆发现的罗斯特宝藏，可追溯到公元前1000年—前800年。历史学家检查其中的青铜斧内部时，才发现有金手镯碎片。英格兰西北部发现的首批宝藏之一，是公元前1150年—前800年间埋

△ 科学家们通过对巨石阵周围出土尸体的牙釉质的分析，可以进一步了解烧杯人的迁移路径

▽ 青铜时代的宝藏通常埋在沼泽和河流等湿地下。有潜水员从斯洛文尼亚的一条河流中发现了一把剑

△ 烧杯文化时代，人们经常将尸体与陶器及金属制品一同埋葬。图片上对烧杯时代墓葬的复原可以对此进行展示

藏在兰开斯特的兰开斯特宝藏，它包含斧头、首饰和饰品……还有一朵保存完好的青铜时代的花，此后有专家认定，这是一种绣线菊，常用于制药、调制发酵饮料，也可以使房间充满香气。

位于东安格利亚、绵延近一千米的弗莱格芬宝藏与众不同。这个被考古学家称为“沉积遗址”的宝藏，可以追溯到青铜时代中期到铁器时代早期，约在公元前1350年—前150年。弗莱格芬宝藏由数世纪间埋在一条一千米长的堤道下的多个宝藏组成。堤道约由6万根直立木头建造而成，横亘在冯特岛和北岛之间的湿地上。根据最新发现，这个宝藏中包含剑、匕首、矛头以及戒指、耳环和胸针等各种物品，甚至还有凿子、锥子和打洞器，这基本上构成了工匠的整个工具包。

“虽然没有证据表明某个特定民族与这些器皿有关，但许多人还是将凯尔特人与之联系起来”

◁ 已出土的文物中经常可以发现青铜时代的武器，如斧头、矛头和剑

这些藏品种类繁多，是当地居民在 1200 多年间定期埋藏的物品。

然而，在英国东苏塞克斯郡出土的著名的尼尔·刘易斯宝藏，是最能体现史前人类生活的宝藏之一。宝藏在青铜时代中期（约公元前 1400 年—前 1250 年）被埋在一个陶器中，包含 50 多种不同物品。有些是用来装饰衣服之类的时髦单品，有些是首饰，有些显然是武器。

不过，更加奇怪的是，人们会把不同地区的物品分开埋藏。比如，与东苏塞克斯郡有关的物品，如著名的“苏塞克斯环”手镯，经常出现在布莱顿附近；而帕尔斯克拉斧则散见于英格兰南部。宝藏中也有更稀有、更具异域风情的外国物品，比如用波罗的海的陶瓷和琥珀珠子制成的项链，法国风格的装饰性金盘，以及德国制造的圆锥形女性头饰。尼尔·刘易斯宝藏不仅使人们对其埋藏主人充满好奇，也为更好地了解苏塞克斯本地人和欧洲大陆制造商之间的贸易关系提供了线索。在一份便携式古物计划（PAS）的专家报告中，青铜时代研究专家本·罗伯茨将这些宝藏称为“青铜时代中期宝藏中‘装饰品’这个独特类别中最精美、最具欧洲大陆风情的部分”。

尽管人们将这一时期称作青铜时代，但青铜并非大西洋青铜时代唯一的材料。大约在公元前 2000 年，英国出现了一种新的陶器风格，即烧杯文化。著名的烧杯文化是 1904 年由苏格兰考古学家约翰·阿伯克龙

青铜的减少、回收及再利用

青铜时代的埋葬物并非都具有重要的个人意义，有些纯粹就是生意，比如在肯特郡发现的公元前850年青铜时代晚期的宝藏——鲍顿·马勒布宝藏。这个宝藏共有352件藏品，是在英国出土的第三大青铜时代宝藏。宝藏中有碎片存在是正常的，毕竟已在地下埋藏了几千年，有些还是在下葬时特意掰弯或折断的。但鲍顿·马勒布宝藏中发现的碎片有些特别。

经过大量的分析和猜测，考古学家认为这些藏品属于史前国际废料回收业的一部分。在已出土的许多手工艺品中，有些制造于法国北部和欧洲大西洋沿岸，有些则制造于威尔士，随后被运往法国，100年后又运到英国。考古学家根据已出土的藏品推断，自青铜时代以来，人们就一直将废金属运往英国进行再加工和再利用。

△ 鲍顿·马勒布宝藏是英国发现的第三大青铜时代的宝藏，表明史前的人们热衷于回收利用废金属

比命名的。这一命名的灵感来自最早在欧洲青铜时代使用的倒钟形烧杯陶器。后来，阿伯克龙比将这种独特的陶器解释为饮用器皿，但也很可能有其他用途。

虽然没有证据表明某个特定民族与这些器皿有关，但许多人还是将凯尔特人与之联系起来，尽管凯尔特人是在烧杯文化传遍欧洲很久后才迁居此地的。考古学界在追溯该文化的起源问题上仍存在两种截然不同的观点。一种观点认为可能存在另一个更加古老的印欧人群体，凯尔特人可能是其一部分。另一种观点则认为烧杯文化没有明确的起点，而是为许多不同的民族语言群体所共享，这些群体后来随着凯尔特人的迁居而获得统一。

与其开端模糊相似，烧杯文化的称呼也并不唯一，还可称作钟杯文化。不过，无论怎么称呼，它都对青铜时代的人们产生了更大的影响。随着时间的推移，它已不只是一种陶器，而逐渐演变成涉及金铜制品的制造、弓箭、装饰乃至意识形态、文化和宗教观念

历史与科学

科技进步能帮助科学家收集到更多关于青铜时代生命的证据。以往对古代尸体的DNA分析存在诸多缺陷。比如，成本巨大，存在混入现代DNA污染历史样本的风险，以及墓葬中的DNA保存不完整等。

除了检测墓葬中尸体遗骸的牙釉质外，罗恩·平哈西教授和他的同事发现，尸体内耳的岩骨也保存着DNA信息。骨骼常因埋藏环境而受到污染，但内耳的岩骨因在头盖骨内部，可免受污染。科学家可以在岩骨提取出比其他任何部位的骨骼样本多100倍的DNA信息。另一项有力的科技进展是，科学家可以收集大约100万个信息丰富的单核苷酸多态性标记的古代DNA样本，并仅对样本而非整个基因组测序分析。若此方法配以更高效的机器，分析过程将会更快，成本也更低。

△ 随着科技的发展，科学家们已找到更新更好的方法来收集烧杯文化人的DNA数据

等多方面的复杂文化现象。这些饮用器皿竟然对古代欧洲甚至更远的地方产生了如此巨大的影响，想来不可思议。人们甚至认为烧杯文化实际上引领着青铜时代的诞生。

有人认为来自烧杯文化的钟形陶器起源于伊比利亚，即现今的西班牙和葡萄牙。人们携带着物品常年迁移，于是陶器在不到100年时间里便传入英国。最常见的烧杯类型之一是发现于大西洋和地中海沿岸以及伊比利亚的“海洋”烧杯，其表面有一系列水平条纹图案，有人认为它起源于烧杯时代早期。虽然这个时代以烧杯命名，但它同样生产出了一系列手工艺品和工具，如用于射箭的石护腕和燧石箭镞，以及铜匕首和V形孔纽扣。这个时代也出现了一系列新的信仰，但与手工艺品相比，这些古老的观念更难揣测。

地理因素是理解烧杯文化及其时代影响的关键因素。烧杯文化意味着当时大西洋与西欧间的文化交流规模是前无古人、后无来者的。人们普遍认为它是绳纹文化（公元前3000年—前2500年）在西方的体现。它显示出绳纹陶器交流引发的人口迁移，以及文化传播的范围扩大到北欧大陆的莱茵河至伏尔加河的大部分地区。不过，绳纹陶器从未到达伊比利亚、法国或不列颠群岛。

烧杯文化及其传播一直是20世纪考古学界的两种理论——迁移论与扩散论的争论焦点之一。对此，迁移论从人类迁移的角度解释文化变迁，指出人们从一处迁移到他处并分享经验。扩散论则认为人类社会的变化缘于思想在不同文化间的扩散，而非人口迁移，即重点是“物而非人”。那么，这种文化传播到底是缘于战士、工匠和商人的迁移，还是思想和物品的共享，抑或是不同文化间的广泛接触？由于烧杯文化时代的人与物是不断流动的，故而很难就此得出真实成因，历史学家至今仍对此争论不一。然而，有一点是可以肯定的，那就是早期青铜时代和烧杯文化时代给欧洲各地的人口流动带来了前所未有的变化。

在新石器时代之前，殡葬是集体性的。人们将尸体秘密埋到乱葬岗、积石冢或长坟里。然而，随着烧杯文化的到来，埋藏过程变得个体化，人们开始拥有私人墓地，或者葬入小型石棺。有趣的是，埋藏尸体时，旁边还

△ 烧杯文化带来了一种独特的陶器，可以用来了解青铜时代西欧人的生活

放着烧杯、青铜制品、铜制品和黄金制品等陪葬品。

墓葬中的尸体也为我们深入了解青铜时代人的生活（包括迁移模式）提供了线索。对此，同位素研究发挥了作用。例如，人们以英格兰威尔特郡及著名的史前巨石阵周围沟渠埋葬的青铜时代尸体为对象，对其牙釉质进行分析后发现，这里埋葬的一些人来自现今瑞士地区。新出土的尸体也进一步提供了新证据，证明烧杯人从欧洲各地迁移到不列颠群岛，同时也带来了他们的文化。历史学家和科学家经常发现，在烧杯时代生活的英国人的骨骼与前一时代的人有着非常不同的 DNA 图谱，这表明该时代人口已出现大量更替。

尽管烧杯文化时代留下的尸体和手工艺

“欧洲整体上很少拥有锡资源。不过，英国却是一个例外，它拥有世界上最丰富的锡”

品提供了许多信息，但关于烧杯文化是如何从发祥地伊比利亚传播到不列颠群岛的，仍有许多未解之谜。一种普遍的说法是，迁移者从起点出发前往西欧和中欧，到达今瑞士和荷兰地区，最终穿越英吉利海峡到达英国。据说在此期间，不列颠群岛高达 90% 的原始居民被烧杯文化人所取代。

这些人将自己的陶器带到英国的同时，也把先进的青铜冶金技术带到了西欧。在他们到达英国之前，冶金技术尤其是将铜锡混合制成青铜合金的技术，已经出现并得到应用，且在欧洲南部地区非常流行。与此同时，英国和北欧其他地区仍在使用燧石。铸造青铜需要锡，而欧洲整体上很少拥有这种资源。不过，英国却是一个例外，它拥有丰富的锡资源，同时也是世界上最丰富的锡来源之一。尽管如今锡并非贵金属，但它在当年成为不列颠群岛的热门商品，特别是在德文郡和康沃尔郡等拥有许多锡矿的西南地区。

一旦那些迁移者跨过大西洋，带来关于铸造青铜的技术，英国与其他青铜时代文明的关系便更加紧密。英国很快备齐了锡这种当时其他地方最急需的材料，并开始利用获得的新技术铸造青铜。约公元前 1600 年，英格兰西南部获得了前所未有的贸易繁荣。在迁移者到来之前，英国的冶金工人大多用铜制造器皿。但随着欧洲大陆更加先进的冶金技术（将少量锡与铜混合制成更硬的金属合金）的传入，青铜开始逐渐取代普通的铜或石头，成为制造工具和武器的主要材料。最终，曾一度落后于欧洲其他国家的英国结束了石器时代，率先步入青铜时代。

英国工匠在掌握新技术后，制造出了更多的青铜工具和武器。青铜时代的英国人利用一切可能的方式获利，因此也很擅长制造黄金首饰。此外，纺织品生产也正在顺利进行：女性开始穿着无袖短袍和羊毛长裙，男性则穿着及膝的裹裙以及斗篷、无袖短袍和连体服装。

一言以蔽之，青铜时代为英国及西欧其他国家带来了前所未有的生活方式的革新。石器时代一去不复返，而青铜时代以及随之而来的文化与社会的进步，标志着欧洲在通往铁器时代及更远的道路上迈出了一大步。

△ 烧杯文化带来了一种独特的陶器，可以用来了解青铜时代西欧人的生活

青铜时代与远东

THE BRONZE AGE AND THE FAR EAST

△ 中国青铜时代的文物时代跨度很大，这使考古学家在确定年代时存在分歧

不同地区对青铜时代的反应各异。即便相邻的处于那个时代的中国、朝鲜半岛北部的古朝鲜、日本，其青铜铸造方法也各不相同

商朝建立后，远东与世界其他地区一起步入了伟大的青铜时代，见证了一个前所未有的文明不断成长、成熟的过程。“早期青铜时代”这个短语在中国并不常用，因为它几乎与中国史前的商朝同义，时间约在公元前 1600 年—前 1000 年。同样，“晚期青铜时代”相当于中国的周朝，从公元前 1000 年持续到公元前 300 年，与公元前 5 世纪开始的“铁器时代”略有重叠。

尽管这一时期有组织的劳动力和熟练的技术工人在世界各地流动，但就质量和工艺水平而言，在远东发现的文物仍处于世界领先地位。青铜在世界其他地方发挥了实用功能，但在中国，人们虽然也将其视作一种优良材料（尤其是与石头和木材相比），但主要用于祭祀。

公元前 1600 年，中国青铜时代正处于

“在中国发现的一些最早的青铜时代文物，
可以追溯到公元前 3100 年和公元前 2700 年”

◁ 就质量和工艺水平而言，中国出土的文物处于世界领先地位

全盛时期。商朝时期的中国可能与大家的预期大相径庭。今天富有中国特色的食物，包括大米和茶等，在当时的南方地区比较普遍，在北方却不常见。随着青铜时代的到来，农业人口激增，一个全新的群体开始学习如何耕作，并发明出为其他工人生产额外食物的方法。于是，北方人也吃上了谷物、糕点、美酒，皇族也能在饮食中添加肉类和酒类。

中国的二里头文化对青铜时代的发展有很大的作用。二里头文化诞生于黄河流域（中国第二长河，流经从巴颜喀拉山到渤海的九个省或自治区），是青铜时代早期的城市社会，以考古学及历史学家徐旭生1959年在河南偃师二里头发现的考古遗址命名。二里头是中国青铜冶金术的发源地，而二里头遗址也作为面积最大的青铜时代文化遗址而闻名。这里曾出土的宫殿和青铜冶炼车间，使我们可以深入了解中国这段历史。

历史学家仍不能确定二里头文化是在商朝，还是在夏朝之前，但在中国出土的最早的青铜时代的手工艺品可追溯到公元前3100年—前2700年。可见，中国的青铜时代与世界其他地区并不同步，约在公元前2000年—前771年，它从二里头文化发端，也随西周灭亡而戛然而止。

许多人认为起源于二里头的中国青铜冶金技术是独立诞生的。也有人持不同观点，坚持认为它是沿着东西方的贸易路线，即丝绸之路进入中国的。鉴于许多经济和文化实践都是通过丝绸之路传播的，两种理论皆有可能。

无论金属来自何处，中国和世界其他地方一样需要它。青铜是铜锡合金，经常用来制作武器、战车、礼器及其他器物，在当时的物质文化中发挥着重要作用，人们称商周时期为中国的青铜时代。

中国最早的青铜器由铸模法制成，这与已在大多数其他青铜时代社会得到优化的失蜡法完全不同。铸模法的流程是先制作模型，进而制作该模型的黏土铸模，然后将铸

日本的青铜

虽然日本的现代制造业领先于世界其他地区，但青铜在公元前 300 年的弥生时代早期才传入日本。尽管对于大多数文明来说，铁器时代晚于青铜时代，但由于古代日本孤立于海外，其铁器时代实际上早于青铜时代。

日本早期使用铁或青铜制成的工具和武器，要么依赖从朝鲜半岛进口的成品，要么只能用粗劣的进口生铁铸造。不论哪种选择都需要船只将货物运到日本列岛。

后来，日本终于掌握了生产青铜的技术，几乎每个日本人都可以在自家后院竖起熔炉炼铁，但铸造青铜则不同。由于青铜的生产和分配受到严格限制，日本制作青铜的中心并不多。这导致日本只能生产出大量铁，而不能生产出大量青铜。于是，直至弥生人学会铸造青铜前，青铜一直是上层社会财富和地位的象征。

△ 公元前 2 世纪日本弥生时代的铜铎。由于制作困难，青铜成为日本上层社会财富的象征

模切割成不同部分并进行烧制，最后重新组装。若目的物是容器，还需将型芯放入铸模中。这样便制出了中国常见的青铜制品。

至少到商朝末期，铸模法仍是中国铸造青铜的唯一方法。尽管这种方法较失蜡法更加复杂，效率也更低，但在中国冶金工人眼中，它却有一个重要的优势：装饰图案可以在烧制前直接雕刻或压印在铸模内表面，这意味着工人制作出的错综复杂的图案可以更加清晰。由于中国人大多用青铜制作精美的器物而非实用工具，这一方法使整个过程变得更加简单。

商朝青铜器中经常出现饕餮的图案。饕餮是一种前脸左右对称的野兽，通常有一双凸起的眼睛，没有下颚。根据中国古代神话，饕餮是四大恶兽之一，与混沌、穷奇和梼杌并称。关于饕餮及其起源有很多传说，其对当时文化的确切意义也尚不清楚。这种图案经常出现在青铜时代的器物上，一些历史学家甚至认为这可以追溯到新石器时代遗址中发现的玉器，比如公元前 3400 年—前 2250 年长江三角洲的良渚文化。除此之外，中国青铜器上还常有龙、鸟、牛和几何图形等图案。

虽然人们可以通过器皿、手工艺品等青铜器上的铭文了解商朝文化，但考古学家已找到能够提供更多信息的出土文物，这就是龟甲、牛肩胛骨和类似形式的兽骨和贝壳上刻录的甲骨文。它们随青铜器一起出土，并以蚀刻画为特色，成为首批汉字宝库。在古代中国，兽骨可用于占卜，向神询问天气、农耕、（皇室成员的）财富及兴兵等问题。占卜时，须将问题刻到兽骨表面，然后通过金属棒对兽骨施加高温使其出现龟裂，最后

△ 二里头遗址还有更多地方有待挖掘。遗址中的宫殿和青铜冶炼作坊展现了中国青铜时代的历史

解读龟裂图案获得答案。

我们也可以在中国以外的地方收集远东青铜时代的信息。比如朝鲜半岛北部的古朝鲜。虽然一些历史学家坚持认为其并无青铜时代，但有人用“三代法”予以反驳。他们认为古朝鲜曾有过栉文土器时代（公元前 8000 年—前 1500 年）、无文土器时代（也称青铜时代，公元前 1500 年—前 300 年）和三韩或前三国时代（也称铁器时代，公元前 100 年—公元 300 年）。

古朝鲜的青铜制品远比中国稀有。在无文土器时代，古朝鲜人开始采用新的制作方法。随着人口从中国东北和西伯利亚迁移到朝鲜半岛，无文土器取代了过去的栉文土器。与此同时，大约在公元前 1000 年，青铜铸造虽不再常见，但仍存在。

正如中国的青铜与世界其他地区的青铜在合金配比上存在差异一样，古朝鲜青铜中的锌含量通常高于周边文化。考古学家通过对出土的琵琶形青铜匕首等古朝鲜文物的分析，揭开了中国辽宁青铜匕首文化在中国和朝鲜半岛传播的秘密。

“根据中国古代神话，饕餮是四大恶兽之一”

◁ 在韩国华山发现的青铜工艺品。韩国青铜的锌含量通常高于中国制造的青铜

北欧青铜时代

THE NORDIC BRONZE AGE

**与其绝望、好战的后代不同，
青铜时代的斯堪的纳维亚人生活在气候温暖、文化和平的田园风光中**

如果哪个文明有借口对青铜时代的重大动荡感到难过，那就是斯堪的纳维亚的北欧文化了。大约从公元前 2700 年开始，这些崇拜太阳的牧民享受着与今天英国、法国和德国一样温暖的气候。这一气候期被称为米诺斯暖期，因为它与爱琴海米诺斯文明的兴起时间相吻合。不过，米诺斯人并非青铜时代唯一享有温和天气、丰富食物以及高质量生活的人。

希腊人可能认为神话般的黄金时代已经消逝，但青铜时代的北欧人仍然相信他们正生活其中。这是可以理解的，因为他们的祖先有先见之明，在石器时代时已开垦出最为平坦、肥沃的土地，用于放牧和耕种。整个地区都可以种植葡萄，人们在丹麦还发现了青铜时代的北欧人耕种小米的证据。小米是一种亚热带作物，如今广泛种植于非洲、亚洲和美国南部。人们在斯堪的纳维亚半岛尚未发现青铜时代的牛棚遗址，或者其他用于饲养牲畜的建筑，这表明当时整个地区都很暖和，牛可以全年在户外吃草。瓦登海群岛风蚀后的沙洲，在当年曾是青草繁茂的岛屿。以椴树为主的森林仍覆盖着该地区的高地，野味、水果、坚果和建屋用的橡树木材也十分充足。人们居住在海洋、河流和淡水湖附近的定居点，周围晒满了用鱼钩和渔网捕捉的鱼。规划良好、定期焚烧的荒野为蜜蜂提供了额外的空间和丰富的养料。人类当时刚开始食用乳制品，这种新型蛋白质很快成为主要的食物来源。事实上，对墓葬遗骸的 DNA 测试表明，青铜时代的北欧人对乳糖的耐受性甚至高于所有当代欧洲人。

在北欧神话中，人们在温暖的“奶与蜜之地”，享受着令人向往的田园生活。北欧伟大的前基督教创世神话《沃卢斯帕》则记述，一些最早的神将人类生活的“中土”世界夷为平地，准备耕种。随后，“来自南方的太阳温暖了地球的石头，绿色是长满韭葱的土地”。太阳在北欧神话中是位女性，这是他们和青铜时代祖先共有的概念。北欧青铜时代的许多考古发现表明，这种崇拜太阳的宗教以一位女神为中心，认为鱼、蛇、马和鸟等一切动物都是神圣的。尚不知她的崇拜者是否像他们的后代那样称她为索尔或松纳，因为与其他青铜时代的文明不同，青铜时代的北欧人还没有自己的文字。后来，北

△ 这个来自北欧青铜时代的石雕刻画了一艘船和太阳神——一位重要的女神。这可能代表太阳正穿过天空，或是赞美对波罗的海的琥珀贸易和青铜资源进口至关重要的船只

欧人学会了卢恩字母，创造出适合基本信息编码的古弗萨克文等。不过，最早使用卢恩字母的人只能追溯到公元2世纪，此时青铜时代已结束了数百年。

不过，青铜时代的北欧人是否仍处于“史前”状态，这一问题还有待讨论。因为已知最早的斯堪的那维亚文字记录是在公元前4世纪，由马萨利亚的皮西亚斯写成。皮西亚斯是希腊人，来自位于今法国马赛的希腊殖民地，其手稿的所有副本都已散佚。后人是从后世学者的著作中得知手稿存在一事的。当然，这些学者大多持以地中海为中心的世界观，对皮西亚斯的记述嗤之以鼻。尽管如此，皮西亚斯在《海洋》一书中准确地描述了北极地区、极地冰层、潮汐，以及其中月球发挥的作用（在几乎没有潮汐的地中海，这是一个可以忽略的现象，但在北边海洋却影响巨大），还有午夜的太阳。他声称已环游英国，

“青铜时代的北欧人对乳糖的耐受性甚至高于所有当代欧洲人”

购买锡

瑞典和挪威盛产铜，丹麦则不然（今天，丹麦的铜矿集中在格陵兰岛，此地在北欧青铜时代尚无人定居）；锡在丹麦就更难找到了。那么，青铜时代的斯堪的纳维亚人是从哪里得到铜和锡的呢？

北欧青铜时代的许多青铜制品都是斧头、刀片、箭镞等武器，可用于狩猎、收割以及战争。他们的青铜制品更多用于农业和狩猎，尽管也有可能用于解决内部冲突。

绝大多数北欧青铜制品尚未经过科学检测，无法确定其锡原料的来源。德国的内布拉星象盘中含有来自康沃尔的锡和金，斯堪的纳维亚也发现过一个北欧青铜时代的纯康沃尔锡锭，这表明北欧的锡很可能来自康沃尔。然而，人们经过对一些青铜制品的检测，惊讶地发现其中的铜并非来自瑞典或挪威，而是来自撒丁岛、伊比利亚半岛和阿尔卑斯山的蒂罗尔地区。青铜时代的北欧人很可能是用珍贵的琥珀换得这些资源的。

◁ 波罗的海的琥珀采自北海。在青铜时代，对斯堪的纳维亚人在欧亚地区的贸易伙伴来说，琥珀是一种珍贵的宝石，可以用来支付青铜原料的费用

并描述了贝勒里翁（康沃尔郡）的人们是如何进行锡的开采和交易的（虽然皮西亚斯写作时青铜时代已结束很久，但锡仍是重要的商品）。

他还记述了位于北海之外、世界尽头的“极北之地”。虽然这段记述比人类最初定居冰岛和格陵兰岛还早数世纪，但后来有人认为，这两地就是皮西亚斯所记述的“极北之地”。不过也有人认为“极北之地”指的是挪威。后来，一位来自安纳托利亚的希腊地理学家斯特拉博，认可了皮西亚斯的记述：“当他说……人们以小米和其他草本植物、水果和根茎为生，那里有谷物、蜂蜜，还有人们可喝的饮料时，他可能已充分认识到了人们生活在冰冻地带附近的事实。同时，针对谷物，他还指出由于没有充足的光照，打谷场变得毫无用处，为了防雨，人们便将谷物存放到大仓库里。”

事实上，整个斯堪的纳维亚的考古发现与皮西亚斯在青铜时代后对极北之地的描述

△ 青铜时代的北欧人与绳纹陶器文化有密切联系。在新石器时代、铜器时代和早期青铜时代，绳纹陶器文化在欧洲和西亚大量出现

非常吻合，表明青铜时代的北欧人们生活在一个相对和平的农业社会，数世纪间几乎没有变化。他们住在相隔很远的农场而非村庄，有公共长屋和几栋小房子，整个家族聚居于此。而有些人则更富有，除了拥有更大的门厅外，其留下的宝藏中还包括许多的金戒指，这也激发了后世北欧人的想象力。尽管我们不能确定他们的宗教和内心生活（他们没有留下文字记录），但仍可从上述情境中做出推断。

希腊历史学家习惯于充足的光照，不适应多云多雨的气候。这在很大程度上可以解释太阳对青铜时代北欧社会的重要性，以及为何会把太阳想象成一个值得崇拜和尊敬的女神：几乎完全消失在隆冬的太阳，既象征着生命，也象征着生命的孕育。许多北欧青

“几乎完全消失在隆冬的太阳，也可能象征着生命”

铜时代的手工艺品都包含着太阳乘着马车穿越天空的图案。这与后来北欧神话中索尔被她的两匹马阿尔瓦克和阿尔斯维拉着穿越天空相似。不过，当时索尔正被名为斯科勒或芬里尔的怪狼追赶，后者要吞噬太阳。

对于青铜时代的北欧人来说，马车是一种值得入图画的有趣工具。这在当时是一项先进的技术，可能是铜器时代晚期或青铜时代早期由欧亚大草原的辛塔什塔文化所发明，在其游牧迁徙的路上得到广泛传播。青铜时代的北欧人和辛塔什塔人之间有着非常多的相似性，比如两者都与绳纹陶器文化有遗传学联系，而这种文化在新石器时代、铜器时代和早期青铜时代的整个北欧和亚洲边界颇为流行。再如，他们都具有高乳糖耐受性，都与原始印度－伊朗语系的语言和文化有联系。同时，他们也都受到北亚和欧洲东北部发现的芬兰－乌戈尔语系的影响。而其文化主题也与遥远的印度相似，特别是印度的黎明女神乌莎丝也有一辆金色的马车。印度最古老的诗歌集《梨俱吠陀》中对乌莎丝的赞歌，可以作为理解原始印欧文化内部联系的核心材料。我们可以猜测北欧青铜时代的太阳女神也可能由于类似原因而受到崇拜：她们掌管着光、温暖、生命、光照、启示、更新和时间。

青铜时代的北欧人十分温和，与其一些贪婪的后代截然不同，尽管他们有相同的基因和文化背景，这令人十分不解。到底是什么导致了如此巨大的差异？大约在公元前 850 年，北欧气候开始发生变化，变得更加寒冷和潮湿。直到公元前 650 年，年平均气温下降至约两度。于是，农作物不再生长，尤其是已成为人类和牲畜主食的亚热带小米。米诺斯暖期结束后，慷慨的太阳女神离开北方的孩子，青铜时代的北欧就此崩溃。于是，北欧人变得更消瘦、更饥饿、更渴望资源。日后，他们将以维京人的身份卷土重来。

▽ 插图上画的是一把北欧青铜时代的精美剃刀，带有船的元素。我们从墓葬中得知，青铜时代的北欧人会把胡须剃得很干净

△ 丹麦奥胡斯的早期青铜时代墓葬。葬于牛皮之上的年轻人，身披斗篷，戴着腰布，还有一把青铜刀和一把骨梳

欧洲青铜时代

BRONZE AGE EUROPE

青铜时代的欧洲是许多复杂文化的发源地

青铜时代地中海的米诺斯文明和迈锡尼文明对人类现代意识影响至深，因而蜚声世界。不过，除了阳光明媚的爱琴海之外，欧洲其他地方也曾产生过繁荣的青铜文化。比如，欧洲大陆最西部产生了巨石文化。人们所建造的巨型石头建筑，尤其是巨石阵和布列塔尼的卡纳克石柱，一直守护着这片风景。后来，随着东方人的加入，古代欧洲人的生活方式彻底改变。

欧洲青铜时代始于公元前3200年。当时的青铜由90%的铜和10%的锡混合而成。它比铜锡都坚硬，是制造武器和工具的主要材料，直至公元前600年左右才被铁取代。数世纪间，欧洲涌现出诸多新文化，差异性和共性共存。从广义上讲，青铜时代的社会由于富有、强大的精英阶层崛起而表现出明

◁ 约公元前2500年的绳纹陶器

▽ 一尊努拉吉文化的青铜雕塑，刻画了一位全副武装的部落首领

撒丁岛的努拉吉文化

在地中海与意大利西部之间的撒丁岛，我们发现了努拉吉（一种神秘的锥形石砌建筑物——译者注）文化。DNA 检测显示，在现代欧洲人中，撒丁岛人与“首批农民”的关系最密切，他们是在公元前 6500 年之前从安纳托利亚迁移到欧洲的。公元前 1800 年—前 300 年，努拉吉文化在撒丁岛蓬勃发展。

经过挖掘，我们发现了一种由酋长统治的社会分层文化。圆形小屋是普通居民的家，较大的房屋是会议室。一些努拉吉与塔楼明显不同，它们是单层结构，走廊直接连着个人房间。当地酋长将努拉吉用作住宅和防御工程，这些努拉吉很高，足以使居住者监视周围领地。这表明努拉吉人有所畏惧，不得不保护自己免受攻击。

绳纹陶器文化

我们在中欧看到了约公元前 3000 年产生的绳纹陶器文化。绳纹人的出现表明，公元前 4000 年印欧或亚姆纳亚文化从黑海和里海以北的东欧大草原向西迁移到了欧洲。

绳纹陶器文化因其标志性的陶器而得名。这种陶器通过将细绳压入潮湿的黏土制成。人们在俄罗斯与瑞士之间的大片领土上发现了这些陶器。通过对古代绳纹人的 DNA 分析发现，他们与现代欧洲人有着密切的联系。埋葬在德国的绳纹人也有大约 3/4 的 DNA 与欧亚草原的亚姆纳亚人相同，另外 1/4 则来自该地区的早期居民。因此，现代欧洲人在基因上与亚姆纳亚人有着密切联系。

绳纹陶器和亚姆纳亚文化之间的相似性包括：他们都用草原上的库尔干土堆埋葬尸体，都依赖马匹，都放牧，且都拥有男性主导的勇士文化，就像这个带有武器的死者。

钟形杯文化

大约在公元前 2800 年，钟形杯文化继承了绳纹陶器文化并逐渐发展。它的名字来自与之相关的标志性陶器——一个钟形的水杯。若将尸体与烧杯、青铜匕首和战斧一起埋葬，表明这是一个精英勇士。人们把斧头作为陪葬品的现象十分普遍，这一现象也给钟形杯文化提供了另一个名称——战斧文化。

钟形杯文化的人们开始在中欧占据主导地位。约公元前 2500 年，有些人迁移到了不列颠群岛，对当地人口产生了巨大影响。此后，通过研究出土于英国和爱尔兰的青铜时代的骨骼发现，骨骼中约 90% 的 DNA 来自钟形杯文化的人，甚至大草原上的亚姆纳亚人，只有约 10% 是来自首批农民，即来自安纳托利亚从事农业的移民浪潮。钟形杯文化后来被另一种文化取代，这种文化在埋葬方式上与其有着根本性不同。

“陪葬品通常是现代学者了解古代人的最重要的手段”

显的分层。人口激增是青铜时代另一个显著特征，更多的人口意味着要耕种更多的农田。

通常，后继文化会以先前文化所在的同一区域为中心。史前的欧洲人已完成了清理树木的工作，开发出适合放牧的开阔土地。至青铜时代，饲养牲畜成为积累财富最可靠的方式之一。土地成为欧洲人的优良牧场。欧洲在青铜时代尚无文字，所以当学者们谈论其“文化”时，古代人是永远无法知道这个术语的。通常，欧洲文化以与所涉文化密切相关的考古遗址或特定类型的陶器命名。陪葬品通常是现代学者了解古代人最重要的手段。

不同地区会产生不同文化。例如，意大利的亚平宁文化起源于半岛上最大的山脉，约在公元前2000年—前800年盛行。精美的叉形手柄式陶器是亚平宁文化独特的产品之一。英国南部是威塞克斯文化的发源地。威塞克斯文化盛行于公元前2000年—前1400年，该文化的一个显著特征是将尸体埋葬在坟墓里，同时伴有大量陪葬品。

青铜时代的巨石阵

位于英格兰索尔兹伯里平原的巨石阵，始建于新石器时代约公元前4000年—前1700年。直立的石头结构在随后的青铜时代仍然沿用。

公元前2100年—前1500年，英国的威塞克斯文化承接了钟形杯文化。威塞克斯人把巨石阵据为己有。在巨石阵建筑的第三阶段（即晚期考古阶段），威塞克斯部落首领动用全部的力量改造了这个建筑。首先，他们将先前在该地的双圈青石拿走；然后又增加了砂岩石、四个石柱及屠杀石；后来，被拿走的双圈青石又被放了回来，今天还在那里。

在青铜时代晚期，迈锡尼比希腊更加繁荣。站在威塞克斯社会顶端的武士首领虽与迈锡尼国王有相似之处，但他们不像迈锡尼国王那样用城市统治，而是用设防牢固的宫殿统治。不过，他们缺乏希腊君主管理社会的绝对权力。威塞克斯的工匠可以自由走动。改造巨石阵所需的人力很可能来自当地农民。

瓮棺文化

约公元前1300年—前800年，青铜时代晚期见证了中欧瓮棺文化的形成。它的名字源自常见的装有死者骨灰的瓮。这些瓮被埋在拥有清晰边界的墓穴里。青铜刀、珠子、杯子、碗和壶等物品也常被埋在瓮旁。

这种埋葬方式非常新颖，可谓早期文化的重大突破。在此之前，人类的埋葬方式是将尸体直接埋入人工墓穴的土葬，这是印欧人存在的有力标志。然而，在瓮棺文化中，火葬成为新常态，瓮棺人开始将骨灰装到瓮中埋葬，这很可能表明青铜时代的欧洲人在精神信仰上发生了实质性改变。

在中欧，尤其是德国和波兰，瓮棺墓葬随处可见；意大利、西班牙、法国及中欧其他地区也能找到这样的瓮棺。许多墓葬能容纳数百个瓮，表明有大量的人口曾居住在周围地区。瓮棺人从事农业，以种植小麦和饲养牛为生。

埋葬方式的改变并非唯一的创新。约公元前1100年，人们开始建设防御用的丘堡，并在平坦的地面上建设堡垒，在周边建起防护墙和壕沟。大量防御工程的出现，表明瓮棺时期的人们不得不保护自己，以免受到远近敌人的袭击。

盐是瓮棺人用来交易的重要商品。奥地利的霍尔斯塔特拥有一座重要的盐矿。精英们因控制了盐的生产变得富有起来。

△ 巨石阵最初是一个新石器时代的建筑，经过几个世纪的重建，最终在青铜时代完成改造

金属加工的数量及金属产品的种类不断增多。欧洲正与迈锡尼时期的希腊进行着长途贸易。瓮棺遗址中出土了许多青铜武器，包括剑、矛、匕首和箭镞。这表明瓮棺勇士为保护自己，会身穿青铜盔甲，手持盾牌。

进入铁器时代

凯尔特人是在随后的铁器时代统治北欧的印欧人，而瓮棺人很可能是凯尔特人的祖先。像瓮棺人一样，凯尔特人也以使用丘堡而闻名。同样，他们也拥有强大的勇士传统，是有天赋的冶金工人。

奥地利哈尔斯塔特发现了北欧早期的铁器制品，哈尔斯塔特一词就是“铁器时代早期”的意思。约从公元前8世纪到前5世纪，凯尔特文化继承了瓮棺文化。凯尔特人出于征服需要，在这一时期开始学习希腊人和罗马人的知识。他们将在这两个地中海民族的历史中扮演重要角色。

△ 德国出土的钟形杯

△ 瓮棺文化埋葬死者骨灰的骨灰盒

▷ 公元前 1800 年，撒丁岛托拉尔瓦的圣卢安蒂尼的努拉吉塔

青铜时代的崩溃

BRONZE AGE COLLAPSE

整个地中海的众多城市几乎在同一时间悉数毁灭。是谁，又或是什么力量摧毁了这一切？

出事了。这里曾是一座繁华的大都市，成千上万的人们在这里交易、祭祀和庆祝。然而，现在那些交易市场已成废墟，曾经坚固的建筑倒塌在地，成堆的石头下埋着妇孺的尸体，青铜箭镞嵌满了城墙。3000年后，当考古学家挖掘出这座城市时，他们发现当年熊熊燃烧的大火使整个遗址沉积了一层超过一米厚的灰烬。

上述内容描述的可以是横跨地中海西部的几十个人口中心中的任何一个，发生在公元前1200年—前1150年。彼时，城市尽毁，许多再未重建。这就是青铜时代晚期的崩溃，其中原因至今不明。

被毁的城市

公元前12世纪，亚述人统治之外的安纳托利亚城镇悉数尽毁。考古学家在这些遗址中发现了大量灰烬和碎石，表明当年这里曾经有过一段灾难性的破坏时期。统治该地区几个世纪的赫梯王国长期衰落，首都哈图萨已被烧毁，数百年内都未曾重建。所以，赫梯人显然无法阻止这场浩劫。

几乎在同一时间，希腊的迈锡尼、提林斯、皮洛斯和底比斯等大城市也被摧毁。希腊的人口中心位于国王宫殿周围，这些宫殿的废墟告诉我们希腊大陆也已被毁。迈锡尼虽在前1世纪遭到地震破坏，但随后已获重建。然而，约公元前1190年，迈锡尼再遭劫难。宫殿的木梁成炭，石头成灰，墙壁尽失光泽。而在皮洛斯，大火也烧毁了用线性文字B书写的泥板及宫殿。有些泥板中曾提到“海洋守望者”，但我们永远无法知晓他们在守望什么。

特洛伊城因那场著名的战争而被人们铭记。不过，长久以来，人们一直认为这场战争不过是个传奇故事。然而，自土耳其发现特洛伊遗址以来，考古学家已识别出该遗址的许多居住层，有些被破坏层隔开。其中一个被称为“特洛伊第七层A”的破坏层非常引人注目，因为正是在这一时期，特洛伊城遭到入侵。当代的考古学家仍可在墙壁上找到当年入侵者的箭镞，以及城内未被掩埋的遍地尸骸。

即使在破坏不明显的地方，社会也发生了明显的变化。今天以色列的阿什凯隆，已从当年的埃及前哨变成腓力斯丁人的家园。这些变化可追溯到新型陶瓷和艺术风格的出现。而与此同时，其他腓力斯丁城市则有明显燃烧过的痕迹。

叙利亚海岸繁忙的贸易城市乌加里特，为青铜时代的崩溃提供了丰富的证据。城市中巨大的梯田变成松散的土堆，城墙的灰泥也被烧成黑色。灰烬和碎石形成了两米厚的土堆。箭镞散布在街上各处，城里的居民悉数逃走，再未返回。这些情况之所以为后世所知，缘于其所埋葬的珍贵物品。专家已破解了数以千计的乌加里特文本，其中许多可追溯到公元前 1190 年—前 1185 年，即这座城市毁灭之前。乌加里特国王曾给塞浦路斯国王写了一封求救信：“敌人的船只已经来了。他们烧毁了我的村庄，破坏了我的国家。（你）难道不知道我所有的军队和战车都在赫梯，我所有的船只都在卢卡吗？这个国家被自己遗弃了。愿你知道：敌人的七艘船给我们造成了很大的损失。”

曾有一支来自卡赫美士的军队增援乌加里特，但显然为时已晚。乌加里特的最后一封信记录了如下信息：“当你的信使到达时，军队已受到羞辱，城市被洗劫一空。打谷场上的食物已被烧毁，葡萄园也被摧毁。我们的城市被洗劫了。愿你知道！愿你知道！”

是谁，或者是什么，造成了青铜时代的中东如此多的悲剧？这些船上的人是谁，他们是要结束这个时代吗？

来自大海的敌人

人们从拉美西斯三世神庙发现的版画了解到，拉美西斯三世曾战胜了一群来自大海的敌人。学者们对这些敌人的身份颇感兴趣。我们从图片所附的文字中看到，进入舰队的敌人被简单描述为来自“北方国家”。埃及与北部的许多国家进行贸易，也会进入地中海，但令人费解的是，他们竟然没有明说这个敌人来自哪里。

事实上，在埃及文献中，曾多次提及这一群体，并就其起源提供了线索。埃及人将他们统称为“海洋民族”，并称其中一些人为“邓尼恩人”（意为“在他们的岛屿上”）或“谢登人”（意为“海洋的”）。埃及人给出的许多名字似乎指向了已知群体。比如，派莱赛特人可能就是腓力斯丁人，而卢卡人可能就是吕基亚人。有些名字还出现在埃及的多份材料中。比如，拉美西斯二世的碑文曾记述，他打败了“战无不胜的谢登人。这些人驾着战船从海的中央而来，无人可敌”。后来，被俘的谢登人选择与拉美西斯二世联手作战。

公元前 12 世纪末，在法老梅内普塔的统治下，埃及曾与一个被称为“九把弓”的敌对联盟对抗。这个联盟包括拉美西斯二世和拉美西斯三世统治时提到的几个民族。“九把弓”使土地荒芜，使“土地被废弃，沦为牛吃草的地方”。不过，史料中记载，当“九把弓”来到埃及时，麦伦普塔赫轻而易举地击败了他们。埃及人为了准确统计杀敌数量，甚至砍掉死去敌人的双手。

公元前 1175 年，在拉美西斯三世统治之际，海洋民族来袭，由此引发多个人口中心的毁灭。这引起了历史学家极大的关注。梅迪内哈布的一段碑文记录了大量人口从北部

▽ 许多遗址都有一层燃烧过的痕迹，考古学家认为这些城市曾遭遇过灾难性的毁灭，但并不清楚其中的原因

△ 这些狮子之门守卫的赫梯首都哈图萨，在被烧毁之前曾经历过一段漫长的衰落期

和东部迁移而来，其中也包括几个海洋民族部落的名字。“外国人在他们的岛屿上制造出一个阴谋。所有的土地都面临着战争。从赫梯、库德、卡赫美士、阿扎瓦到阿拉什亚，没有一片土地能在他们的军队面前屹立不倒。他们使土地变得人烟稀少，仿佛从未有人生活过一样。他们正向埃及进军。”

拉美西斯三世所描述的敌人，在前往埃及途中摧毁了地中海和中东的许多大城市。有些关于这些敌人的雕塑描绘了行进中的妇女、儿童和马车——这不只是一支作战军队，还是一支押运队伍。史料中还提到几次陆上和海上的战争，但海洋民族显然最终被驱逐出陆地，也被驱逐出历史。埃及幸免于青铜时代最严重的崩溃。

迄今为止，关于海洋民族内部各个群体的身份仍有争议。他们是爱琴海人吗？还是遥远的北方野蛮人？抑或是被征服的当地部落？对此，我们无法确定。不过，在青铜时代崩溃期间，确实出现过大规模的人口流动。海洋民族到底是造成青铜时代崩溃的原因，还是表现呢？

崩溃的原因

对于考古学家而言，青铜时代的海洋民族素来是一个可怕的群体。只要发现有城市废墟，即使在遥远的内陆，也会有人认为这是海洋民族造成的。最近，专家重新对许多市镇废墟进行评估，又掌握了许多新证据，由此提出了青铜时代崩溃的其他可能性。

部分遗址曾发生过规律性很强的地震。专家经常在考古遗址中找到地震的痕迹。人们很难由一堆倒塌的城墙判断出一座城市到

“迄今为止，关于海洋民族内部各个群体的身份仍有争议”

底是由敌人还是地震摧毁的，但若建筑物的地基发生扭曲，那么这就只能是地震的剧变所致。当城市在人们头顶倒塌时，看似世界末日，实则不然。考古学家在包括乌加里特在内的许多地方发现了地震及震后重建的证据。特洛伊大地震后，城墙内出现了棚户区，大房子被分割成小房子，可供多个家庭居住。

一些历史学家则认为，火山爆发可能也是青铜时代崩溃的原因之一。约公元前1600年，锡拉岛的火山爆发对生活在这里的人来说是一场灾难。克里特岛的海岸曾被巨大的海啸袭击，大部分文明被摧毁，然而当地的米诺斯人却幸存下来，并重建了文明。

有些人认为，冰岛的赫克拉火山的爆发也是青铜时代衰落的原因。当它爆发时，7.3立方千米的岩浆喷向大气层。人们从北半球树木年轮中发现的证据表明，由于灰尘阻挡了阳光，地球气温降低，前后长达18年之久。生态变化会影响粮食生产，这很可能驱使人们离开家园，去寻找更肥沃的农田。不过，这次火山爆发发生在约公元前1000年，对于青铜时代的崩溃而言有些过晚，不会成为崩溃的原因，尽管它可能确实延缓了许多地区的复苏。

气候变化也很可能是促使海洋民族大规模南迁的原因之一。对加利利海底花粉的研究表明，公元前1250年—前1100年，该地区曾遭受一系列严重的干旱天气。在此期间，已适应半干旱条件的植物花粉激增，大多数人为生产足够的粮食而苦苦挣扎，耕种变得更加困难。

特洛伊战争

在发现特洛伊之前，人们认为荷马史诗《伊利亚特》和《奥德赛》中的许多内容是虚构的。然而，自从海因里希·施里曼开始挖掘特洛伊城以来，人们开始好奇有多少故事是真实发生过的。是否有特洛伊战争，它是否与青铜时代的崩溃有关？

我们可以从赫梯文献、卢维亚诗歌和考古记录等多方来源中，找到几场满足条件的战争。一些历史学家认为，赫梯文献中提到的阿希亚瓦人是古代迈锡尼人，他们似乎曾卷入亚洲的麻烦之中。有人在赫梯境内发现了迈锡尼人的剑，可见迈锡尼人很可能作为希腊民族联盟的首领，袭击了特洛伊城。

然而，我们很难将希腊袭击特洛伊与废墟中发现的任何程度的破坏联系起来。青铜时代的希腊人有能力发动海战，很可能在青铜时代崩溃时对海洋民族发起了进攻。特洛伊的消失也有可能意味着青铜时代的终结。

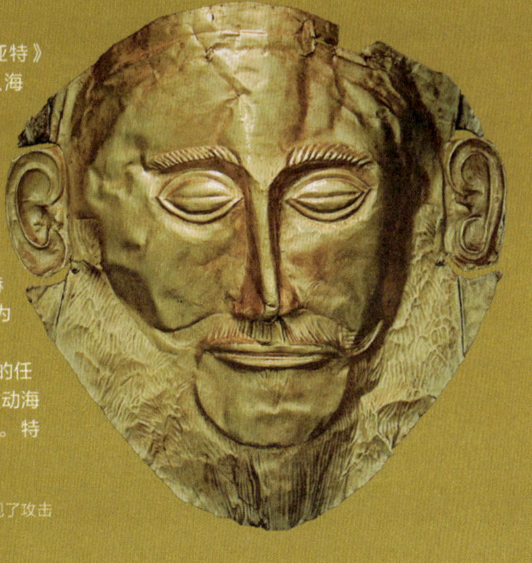

▷ 发现特洛伊遗迹的施里曼认为，他发现了攻击特洛伊的迈锡尼国王阿伽门农的面具

彗星和崩溃

1998 年，迈克·贝利教授发表了一篇论文，其中指出青铜时代的崩溃可能是由撞击地球的彗星碎片造成的。他通过研究古树及其年轮，揭示出树木生长不良的时期。

约公元前 1159 年，树木的低增长速度暗示当时有一场气候灾难，这场灾难有可能影响生态系统，如导致农作物干旱或歉收。而这场气候灾难也会与青铜时代的衰落相关。虽然火山向大气释放出的岩浆可以使地球变冷，但流星或彗星的撞击也会造成同样的结果。约公元前 1100 年，中国商朝记录的一颗彗星被人们视为某种预兆。如果那颗彗星的碎片撞击地球，它会导致青铜时代的崩溃吗？

当然不会，但这不失为一种令人着迷的可能性。这是值得思考的，因为它至少教会我们重新审视所有已得到的证据及其潜在意义。

△ 长久以来，许多文化都将彗星与灾难联系在一起。有人甚至认为正是彗星终结了青铜时代

青铜时代崩溃之前，曾发生过饥荒。赫梯女王普杜赫帕曾致信拉美西斯二世，直白地指出：“我的国家已没有粮食了。”这对当时的赫梯人来说可能不是什么大问题，因为他们有能力进口粮食。之后一份来自埃及的记录提及，“为使赫梯人活下去”，埃及送去了粮食。然而，对其他人来说，粮食短缺可能是促使海洋民族与拉美西斯二世开战的原因。我们知道，迈锡尼和迦南的货物到达埃及是为换取粮食，如果这些贸易路线被切断，很容易引起饥荒。

古代也有开辟新大陆的故事，不过动机却是为了躲避饥荒。希罗多德曾记录道：经历了 18 年的饥荒后，吕底亚一半的人离开故土，乘船渡海来到意大利生活。在青铜时代崩溃时，大国之间征战不断，这必然使贸易路线在满足国家需求方面变得更加重要。公元前 1190 年—前 1155 年，舒特鲁克－纳洪特统治着埃兰（现今伊朗西部），此时正值青铜时代的崩溃。在一封发现于巴比伦的信中，

△ 法老拉美西斯三世曾在这里击退了入侵的外来海洋民族。有人认为这是青铜时代崩溃的主要原因

他写道："为什么我没有坐在巴比伦的宝座上？"并威胁说，若不立他为王，他就要彻底摧毁这座城市，砍倒所有果树，甚至还继续威胁说要安置一个傀儡统治者。

随着战争和大量人口的流动，贸易路线遭到严重破坏。锡是最有价值且最重要的商品之一，必须从遥远的地方运输；如果得不到它，就无法生产用于制造武器和盔甲的青铜。任何一个没有军队的国家都会发现自己在这个动荡的时代难以存活。有人甚至认为正是锡贸易的失败才最终导致青铜时代的崩溃。我们对青铜时代的锡矿开采知之甚少，但当时锡资源完全有枯竭的可能。

目前，关于青铜时代崩溃的原因，最可靠的猜测当数社会系统崩溃理论。复杂的系统在受到破坏时具有难以置信的弹性，生态和经济系统也可以自我调节。若以某种方式稍微做出改变，系统尚可适应这一新情况，甚至对抗新压力，但若同时出现过大的刺激，那么系统可能偏离正常轨道，整个互动网络便会崩溃。青铜时代晚期，各王国的社会制度很可能已不再适应整个社会的发展。

然而，尽管青铜时代的崩溃带来种种灾难，但这并不是历史的终结。一个时代的结束也是另一个时代的开端：铁器时代到来了。

铁的到来

正如青铜时代会出现在不同时空一样，铁器时代也是如此。长期以来，铁一直是一种有价值的金属，但最早的铁制品由从天而降的陨铁制成。公元前3200年，在人们普遍使用青铜之前，埃及的铁珠便由陨铁制成。几千年后，当用陨铁制成的匕首为图坦卡蒙国王陪葬时，它仍不失为一种高级材料。

赫梯坟墓中出土的一把公元前2500年的匕首是最早熔炼的铁制品之一。事实上，人们认为赫梯帝国在该地区突然崛起的原因之一就是铁的使用。约公元前1300年，赫梯人经常使用铁制武器，但铁完全取代青铜仍然需要很长的时间。

一方面，赫梯人即便在步入铁器时代后，

“有人甚至认为正是锡贸易的失败才最终导致青铜时代的崩溃”

在战斗中仍与对手埃及人一样使用青铜剑。尽管铁比青铜更轻更强，但青铜武器的锋刃足以将敌人立刻赶出战场，且青铜剑和铁剑刺出的伤口差别不大。所以，铁制武器尚未彻底取代青铜武器。

另一方面，从矿石中提炼铁需要极高的温度，这意味着铸造青铜通常更容易。很可能是青铜时代的崩溃将人类推向铁器时代——如果锡的供应由于崩溃而中断，那么人们就不得不使用其他金属。赫梯人衰落后可能会将冶铁的技术传播到其他地区。

根据铸造青铜时掌握的合金知识，人类有能力制造出更有用的金属混合物。铁器时代早期的熟铁随后让位于钢铁，后者的出现促使人们发明出许多今天仍然使用的工具。要知道，我们祖先的铸造厂一点也不逊于现代铸造厂，他们曾首次看到金属液从岩石中倾泻而出。

◁ 埃兰国王舒特鲁克－纳洪特对巴比伦城发动进攻。两个大国之间的战争造成了贸易和农业的中断

图片所属

4 ©Wiki / Statens Historiska Museet
5 ©Wiki ; Wolfgang Sauber
6 ©Wiki / TSD
6 ©Wiki / Donald A. Mackenzie
7 ©Getty ; DEA / G. DAGLI ORTI
9 ©Getty / Xavier DESMIER
11 ©Getty / Xavier DESMIER
11 ©Wiki / Vassil
13 ©Wiki ; Alte Pinakothek Collection
14 ©Wiki ; Inconnu
15 ©Wiki ; Scan by Hans-Jürgen Günther
16 ©Wiki/ PersianDutchNetwork
18 ©Getty / Heritage Images
19 ©Wiki / Source: Web Gallery of Ar
22 ©Wiki / Danuberiverchild
23 ©Getty / StevenGullen
25 ©Wiki / Miguel Salvatierra Cuenca (illustration); José María Yuste (photo)
26 ©Bullenwächter
27 ©Wiki / I, Przykuta
33 ©Wiki / BabelStone
35 ©Getty / DEA / G. NIMATALLAH
36 ©Getty ; Hulton Archive
38 ©Rama
39 ©Wiki ; Takkk
39 ©Wiki ; Anonimski CC By-SA 3.0
40 ©Wiki / Mlogic
41 ©Wiki /Laténium
42 ©Wiki / Gary Todd
43 ©Wiki / Philip Pikart
45 ©Wiki / Andreas Praefcke - Eigenes Werk, Gemeinfrei
46 ©Wiki / Door Pasicles - Eigen werk
47 ©Wiki / Derek Harper
48 ©Wiki / Anthony Johnson
49 ©Wiki / Pasicles
50 ©Getty / DEA / G. NIMATALLAH
53 ©Wiki / Gerhard Haubold
54 ©Wiki / Dbachmann
55 ©Wiki / Xoil
56 ©Wiki / Georges Jansoone
58 ©Wiki / Jean-Michel Moullec
59 ©Wiki / Torquatus
62 ©Wiki / Klaus-Peter Simon
63 ©Wiki / Av Nationalmuseet
64 ©Wiki / Av Orf3us - Egetverk
65 ©Wiki / Av Nationalmuseet
66 ©Getty / Print Collector
68 ©Getty / Jean-Philippe Tournut
68 ©Wiki / Wolfgang Sauber
69 ©Getty / Ethan Miller
70 ©Wiki / ChrisO
71 ©Getty / Werner Forman
71 ©Wiki
71 ©Getty
72 ©Getty / De Agostini / G. Dagli Orti
73 ©Getty / Leemage
73 ©Wiki / F. Mitchell, Department of History, United States Military Academy
75 ©Wiki / The Portable Antiquities Scheme/ The Trustees of the British Museum
75 ©Wiki / The Portable Antiquities Scheme/ The Trustees of the British Museum
76 ©Wiki / Mark Ramsay
78 ©Wiki / Xuan Che
79 ©Wiki / Andreas Trepte
89 ©Wiki / Dbachmann
90 ©Getty ; ullstein bild
92 ©NASA
93 ©Getty ; Leemage
94 ©Getty ; Larry Burrows
95 ©Getty / Print Collector
99 ©Wiki / Marie-Lan Nguyen
100 ©Wiki images

100 ©Wiki / Applejuice
101 ©Wiki / Osama Shukir Muhammed Amin
103 ©Wiki ; Steve Harris
103 ©Wiki ; Daderot
105 ©Getty / wynnter
107 ©Wiki / Galina Gouz CCBy-SA 4.0
109 ©Wiki / XVodolazx
110 ©Wiki / Dbachmann
112 ©Getty / Werner Forman
114 ©Getty / DEA / G. NIMATALLAH
114 ©Getty / DEA / G. NIMATALLAH
115 ©Getty
115 ©Getty / DEA / G. NIMATALLAH
116 ©Getty
116 ©Getty
117 ©Getty / DEA / G. NIMATALLAH
117 ©Getty / DEA / G. NIMATALLAH
117 ©Getty
118 ©robertharding / Alamy
120 ©Alamy
120 ©Wiki
122 ©Danita Delimont / Alamy
123 ©Wiki / Thomas.W
124 ©Mike P Shepherd / Alamy
125 ©Alamy
126 ©National Geographic Image Collection / Alamy
127 ©Wiki
128 ©Wiki / Than217
129 ©Wiki
129 ©Realy Easy Star / Toni Spagone / Alamy
131 ©Hercules Milas / Alamy
133 ©Wiki / Phso2 CC BY_SA 3.0
134 ©INTERFOTO / Alamy
135 ©Peter Horree / Alamy
136 ©Getty / DEA / G. DAGLI ORTI
137 ©Getty / Print Collector
139 ©Getty / DEA / M. SEEMULLER
140 ©www.BibleLandPictures.com / Alamy
140 ©INTERFOTO / Alamy
141 ©Peter Horree / Alamy
142 ©North Wind Picture Archives / Alamy
143 ©Classic Image / Alamy
144 ©Wiki / Patrick CHAPUIS
145 ©Images & Stories / Alamy
145 ©funkyfood London – Paul Williams
147 ©age fotostock / Alamy
150 ©Wiki / David Stanley
151 ©Wiki / PHGCOM
156 ©Wiki ; Collection: Musée du Louvre
157 ©Granger Historical Picture Archive / Alamy
158 ©The Picture Art Collection / Alamy
159 ©Getty ; Paula Bronstein
161 ©Getty / Geography Photos
162 ©Wiki / Frédéric Vincent
162 ©Getty / Arne Hodalic
163 ©wiki / Miguel Hermoso Cuesta
164 ©Wiki / The Portable Antiquities Scheme
165 ©Wiki / The Portable Antiquities Scheme
166 ©Getty / DEA / AFP / Stringer
167 ©Getty / DEA / S. VANNINI
169 ©Wiki / Hewa / Gütersloh Town Museum
171 ©Getty / Sovfoto
174 ©Getty / National Museum of Korea
177 ©Wiki / Helga Steinreich CC BY-SA 3.0
178 ©Wiki / Brocken Inaglory CC BY_SA 3.0
180 ©Wiki / source: Oscar Montelius
181 ©Getty / Print Collector
182 ©wIKI / Einsamer Schutze
183 ©wIKI / Nationalmuseet
186 ©Wiki / garethwiscombe
187 ©Wiki / Wolfgang Sauber
187 ©Wiki / Willow
187 ©Wiki / Cristiano Cani
190 ©Wiki / Collection: New-York Historical Society
192 ©Wiki / Bernard Gagnon
193 ©Wiki / DieBuche
194 ©Wiki / Augsburger Wunderzeichenbuch, Folio 52
195 ©Getty / DEA / ICAS94
196 ©Wiki / Shams bahari

署名文章

青铜时代　本·加祖尔

青铜时代之前　艾普尔·美登

特伦霍尔姆的太阳马车　迪伊·迪伊·谢内

神秘的后母戊鼎　迪伊·迪伊·谢内

青铜是如何产生的　本·加祖尔

柏林金帽　迪伊·迪伊·谢内

布什·巴罗古墓　迪伊·迪伊·谢内

青铜时代的贸易　本·加祖尔

库尔特扑楔形泥板　迪伊·迪伊·谢内

维克塞角盔　迪伊·迪伊·谢内

古代武器与战争　本·加祖尔

威尔士黄金：伯顿宝藏　迪伊·迪伊·谢内

阿伽门农的面具　迪伊·迪伊·谢内

狮鹫勇士墓　丽贝卡·福特

内布拉星象盘　迪伊·迪伊·谢内

印度河流域的玩具　迪伊·迪伊·谢内

古代苏美尔城市　本·加祖尔

青铜时代的印欧人　马克·吉·德桑蒂斯

印度河流域文明　哈里斯·阿勒·巴斯塔尼

古埃及王国　多姆·罗利·林肯

爱琴文明　哈里斯·阿勒·巴斯塔尼

黎凡特和安纳托利亚的先驱　哈里斯·阿勒·巴斯塔尼

苏联沙漠的秘密　艾普尔·美登

阿卡德帝国　斯科特·里夫斯

英国和大西洋的青铜时代　波普伊·杰伊·帕尔默

青铜时代与远东　波普伊·杰伊·帕尔默

北欧青铜时代　艾普尔·美登

欧洲青铜时代　马克·吉·德桑蒂斯

青铜时代的崩溃　本·加祖尔